Musik im Spiegel der Philatelie

Gerhard K. Megla

Musik im Spiegel der Philatelie

Verlag Ernst Wasmuth Tübingen

Reproduktion Reprostudio 16, Dußlingen
Druck und Einband Passavia Passau
Printed in Germany

ISBN 3 8030 3028 5

Inhaltsverzeichnis

Männer nehmen ihren Beruf oder ihre politischen Aufgaben nicht halb so ernst wie ihre Hobbys.

G.B. Shaw

Vorwort

Das vorliegende Buch will die Musik dem Leser auf besondere Art vertraut machen. Es soll ihm auch 'ernste' Musik, die doch oft so köstlichen Humor ausdrückt und die leider von vielen abgelehnt wird, näherbringen sowie die Ehrfurcht vor großer schöpferischer Leistung vertiefen. Auf musikwissenschaftliche Analysen oder Belehrungen wird verzichtet, nur sehr wenigen gelingen solche in verständlicher Form[1].

Ein großer Teil des Buches ist den Komponisten gewidmet, die den Gang der geschichtlichen Entwicklung prägten und die Welt mit ihren unvergeßlichen Werken lebenswerter machten. Jedes Kapitel enthält eine kurze Vorbetrachtung über die Musik des betreffenden Zeitabschnittes. Es folgen Erläuterungen über den Stil und die entwicklungsgeschichtliche Bedeutung einiger Werke sowie Besonderheiten, die wenig bekannt sind. In den Kommentaren zu den Komponisten und zu ihren Schöpfungen schlägt sich die Ansicht des Verfassers nieder, der Musik zur Unterhaltung, Erbauung und Erhebung genießen will. Schon deshalb wird sich seine Meinung nicht immer mit der der Fachleute oder Kritiker decken, die sich überwiegend mit Technik und Darbietung auseinandersetzen oder ein Werk zerstückelnd analysieren.

Als Abbildungen werden ausschließlich Briefmarken verwendet, weil sie das Gebiet der Musik in reicher Auswahl bildlich wiedergeben, kleine Kunstwerke darstellen und einfach zu beschaffen sind. Wie alle Sachbücher behandelt der vorliegende Band zwar ein bestimmtes Thema, ist aber keine Motivsammlung im philatelistischen Sinn, bei der die Marken den Hauptteil darstellen und nur kurz beschrieben werden. Vielmehr dominiert hier der Text, und die Marken dienen allein zur Illustration, obwohl ihre Entwürfe und postalische Eigenheiten beschrieben und kritisiert werden. Sie sind auf den Bildtafeln durchlaufend numeriert und im Text als Klammerwert angegeben. Für Philatelisten sind im Anhang diese Nummern denen der Michelkataloge[2] zugeordnet.

Mein größter Dank gebührt an dieser Stelle Wolfgang Amadeus Mozart, ohne dessen unsterbliche Werke ich weder zur Musik geführt worden wäre noch dieses Buch geschrieben hätte. Er war es auch, der mich neugierig machte, die herrlichen Kompositionen von der Renaissance bis zur Neuzeit kennenzulernen. Zurückgekehrt von der langen, schönen und aufregenden Reise durch die Musik dieser Meister, wurde ich so herzlich von dem größten Genie der Töne empfangen, daß der Komponistenteil dieses Buches beinahe mit „Mozart und die anderen“ überschrieben worden wäre.

Nach diesem etwas ungewöhnlichen Dankeschön verbleibt mir noch, die Unterstützung bei der Ausarbeitung des Manuskripts anzuerkennen. Sie wurde mir zuteil von meiner Frau Wiltrud, die auch die Bildtafeln gestaltete, von Frau H. Henkel, die Tonbänder und Handschriftliches in leserliche Form brachte sowie von W. Czerwatzky, der unermüdlich interessante Einzelheiten ausgrub und wesentlich den Inhalt mitformte.

Wiesbaden, im Herbst 1983 GERHARD MEGLA

Auch der beste (Post-) Gaul stolpert einmal.
Sprichwort

Postalische Ehrungen und Wirrungen

Zunächst seien einige Bemerkungen zur ungewöhnlichen Art der Illustrierung erlaubt. Viele Leser werden überrascht sein, daß das gesamte Gebiet der Musik – ob es sich um Komponisten, Orchester, Solisten oder Sänger, Opern, Ballett, Volkstanz oder Musikinstrumente handelt – auf Briefmarken derartig umfassend behandelt wird. Bei der Zusammenstellung bemerkte der Verfasser Eigentümlichkeiten, Ungenauigkeiten und Fehler der Postverwaltungen. Einige davon werden im Text des Bildteils unter 'Postalisches' aufgeführt.

Für Graphiker ist es nicht leicht, eine Marke mit dem Bildnis einer Persönlichkeit zu entwerfen, die vor der Erfindung der Fotografie lebte. Sie sind auf Gemälde, Miniaturen, Scherenschnitte oder Totenmasken als Vorlage angewiesen, und es entsteht bei der Übertragung oft eine von der Wirklichkeit abweichende Darstellung. Darüber hinaus müssen sie den Forderungen nach Druckverfahren, Farben und Papier nachkommen. Diese Schwierigkeiten führen häufig – zusammen mit mißlungenen Markenentwürfen – zu derart unschönen Ausgaben, daß Zweifel über Geschmack oder Machtbefugnis des Kunstbeirates der Postverwaltungen aufkommen können.

Während z.B. alle Haydn-Marken geschmackvoll ausgeführt sind, ist dies bei denen von Mozart und Beethoven selten der Fall. Erschwerend kommt bei Mozart noch hinzu, daß man nicht weiß, wie er wirklich aussah: „Nichts Irdisches ist von ihm übriggeblieben, als ein paar elende Porträts, von denen keines dem andern gleicht."[3] Dagegen blieb Beethovens Gesichtsmaske erhalten. Nach ihr wurde eine Büste gefertigt, die sein Aussehen getreuer der Nachwelt übermittelt, als es die verunglückten Bildnisse der meisten Sondermarken vermögen. Soweit bekannt, sind die Originale, nach denen die Marken älterer Komponisten entworfen wurden, im Text angegeben.

Anders als in Ländern wie Ungarn, der ČSSR, Polen, Österreich, Frankreich und der Sowjetunion läßt es anscheinend ein übertriebener Nationalstolz deutscher Postverwaltungen nicht zu, ausländische Komponisten auf Briefmarken zu würdigen. Als Land der Dichter und Denker (aber scheinbar nicht der Musiker) behandeln wir sogar unsere eigenen Komponisten recht stiefmütterlich.

Einige der gezeigten Marken sind Sätzen entnommen, die zu Ehren berühmter Persönlichkeiten herausgegeben wurden. Außer Geburts- und Todestagen boten Musikfesttage, Musikwettbewerbe, Einweihungen von Gedenkstätten usw. willkommene Gelegenheiten, Komponisten auf Sonderbriefmarken zu würdigen. Allerdings kann man sich dabei des Eindrucks nicht erwehren, daß derartige Ausgaben häufig als Lückenbüßer dienten, wenn man die Jubiläumsdaten betrachtet. So wurden Smetana zum 60., Erkel zum 70. Todestag, Prokofjew und Bartók zum 90., Wagner zum 130. und Berlioz zum 180. Geburtstag auf Sondermarken geehrt.

Die termingerechte Ausgabe postalischer Belege an Gedenktagen ist natürlich nicht möglich, wenn sie auf Sonn- und Feiertage fallen. Leider gibt es aber auch vermeidbare Gründe für die Nichteinhaltung der Termine, wie Vergeßlichkeit, Lobbyeinflüsse und Rationalisierungsbestrebungen bei Druckereien und Post. Wenn, wie so häufig, das Datum des Gedenkanlasses mit dem Ausgabetag nicht übereinstimmt, die Marke vielmehr um Tage oder Monate früher oder später erscheint, ist es für den Sammler umständlich oder nicht möglich, eine Marke mit Geburts- oder Todestagsstempel zu bekommen. Einige Beispiele von Früh- oder Spätgeburten und falschen Todestagen werden in den Monographien unter 'Postalisches' erwähnt. Es wäre sicher der Philatelie dienlicher, würde man entweder das genaue Datum auf den Marken vermerken oder als Ausgabeanlaß das Gedenkjahr (statt des Gedenktages) nennen.

Auch Kombinationen von Gedenkdaten wurden krampfhaft zusammengestellt: Obwohl Haydn und Schiller nichts miteinander zu tun hatten, ehrte Ungarn beide auf einem Block, nur weil 1959 deren 150. Todes- und 200. Geburtsjahr zusammenfielen.

Ein peinlicher Fehler, wie der, hinter Schumanns Bildnis die Notenhandschrift Schuberts zu zeigen, kann um so leichter passieren, je größer die Ausgabenflut ist und Briefmarken nicht mehr aus postalischer Notwendigkeit herausgegeben, sondern aus Propaganda- und Devisengründen massengefertigt werden.

Beethoven wurde weltweit mit über 80 Marken am meisten geehrt, gefolgt von Mozart mit etwa 50 Ausgaben. Nicht nur geniale, sondern auch unbedeutende Komponisten würdigte man auf Marken, was meist auf übertriebenen Nationalstolz, Lobbyeinflüsse usw. zurückzuführen ist. Dagegen sind die Bildnisse berühmter Komponisten, welche die Musikentwicklung maßgeblich beeinflußten, wie Wagner, Brahms und Reger, kaum und Gluck überhaupt nicht auf deutschen Marken zu finden.

Leider werden Musiker, Künstler und Wissenschaftler, also Menschen, die uns Großes und Schönes schenken, erst nach ihrem Tode geehrt, denn die Postverwaltungen demokratischer Länder bilden keine lebenden Persönlichkeiten auf Briefmarken ab, ausgenommen Landesväter und -mütter. Der Weltpostverein läßt hier sogar zu, daß britische Marken nur den Kopf der Königin anstelle der Staatsbezeichnung zeigen. Auf Sonderausgaben ist für das Goldköpfchen der Königin (Thank God, without hat!) eine Ecke reserviert. Dagegen erscheinen in Diktaturen und Entwicklungsländern Massenidole (Spitzensportler, Kosmonauten, Helden der Arbeit usw.) bereits zu Lebzeiten auf Sondermarken.

Die wahren Kronen tragen nicht die Könige.

Komponisten

SCHICKSALE

Der musikliebende Autor hat beim Bearbeiten dieses Buches neue und erregende Einzelheiten über Schaffen und Leben der Komponisten kennengelernt, die ihn noch stärker als voher an die vielfältige Schönheit der Musik fesseln.

Viele Tonschöpfer hatten eine schwere Kindheit, Haydn erzählte, er hätte mehr Prügel als zu essen bekommen. Mit 3 Jahren begann Saint-Saëns zu komponieren, Mozart schrieb als 5-jähriger sein erstes Menuett und trat öffentlich als Pianist auf. In ihrem 7. bis 10. Lebensjahr begannen Händel, Chopin, Smetana, Liszt, Bartók und zwischen 11 und 15 Jahren Bach, Telemann, Beethoven, Weber, Schubert, Mendelssohn, Brahms, Bruckner, Verdi, Berlioz, Reger, Mussorgsky und R. Strauss zu komponieren. Sie waren Kinder oder befanden sich gerade im Stimmbruch! In einer Zeit also, in der unsere heutige Jugend mit Schularbeiten so überhäuft ist, daß sie zum Denken keine Zeit hat, waren diese Jungen bereits schöpferisch tätig.

Auch im hohen Alter, in dem heute die meisten Menschen nur noch Rosen schneiden oder um ihre Rente bangen, schufen sie unsterbliche Werke, wie Haydn mit 70 seine letzte Messe, Händel mit 72 ein Oratorium und Bach mit 75 die Kunst der Fuge. Mit 80 Jahren beendete Schütz das Weihnachtsoratorium und Verdi die Oper Falstaff. Fast unglaublich erscheint es, daß in ihrem 84. Lebensjahr Telemann die Ino-Kantate, Verdi das Stabat Mater dolorosa und Auber mit 87 Jahren noch Bühnenwerke komponierten.

Gerade bei den Musikschaffenden häuften sich schwere Schicksale. Viele starben sehr jung: 40 Jahre alt wurden Weber, Stamitz und Reger. Chopin und Gershwin erreichten nur das 39., Mendelssohn-Bartholdy und Foster das 38. Lebensjahr. Bizet lebte 37 Jahre, boshafte Kritiker beschleunigten seinen Tod. Mozart und Purcell wurden 36, Bellini 34, Schubert 31 und Pergolesi sogar nur 26 Jahre alt. Vereinsamt oder verarmt starben Corelli, Mozart, Schubert, Foster, Lortzing, Smetana, Vivaldi, Berlioz und Bartók. Es scheint, als ob die Nachwelt wiedergutmachen will, was die Mitwelt versäumte.

Viele wurden von schweren Krankheiten befallen: Beethovens Gehörleiden begann schon im 29. Lebensjahr und führte 10 Jahre später zu völliger Taubheit. Seine erschütternden Seelenkämpfe sind im Heiligenstätter Testament beschrieben. Er litt an Leber- und Unterleibsbeschwerden und starb nach monatelangen qualvollen Leiden an der Wassersucht. Auch Smetana verlor 9 Jahre vor seinem Tode das Gehör. Bach und Händel litten in ihren letzten Lebensjahren an zur Erblindung führenden Augenkrankheiten. Tschaikowsky starb an der Cholera, die seit frühester Jugend kränkelnden Chopin und Weber an der Schwindsucht; Ravel wurde Jahre vor seinem Tod von einer Lähmung befallen. Bei Weber, Mendelssohn, Reger und Mahler führte Überarbeitung zu Zusammenbrüchen.

Verhältnismäßig viele der großen Komponisten verbrachten die letzten Jahre ihres Lebens in geistiger Umnachtung, so Donizetti, Salieri, Schumann, Smetana, Wolf, Joplin, Mac Dowell, Chabrier und Massenet. Tschaikowsky litt unter Nervenkrisen und Depressionen und war zeitweise „nur einen Schritt vom Wahnsinn“ entfernt. Andere waren oder fühlten sich vom Wahnsinn bedroht.

Daß Genie und Wahnsinn bei schöpferischen Menschen und besonders bei Musikschaffenden nahe beieinander liegen, kann man erahnen, wenn man bedenkt, welch aufwühlende und widerstrebende Gefühle sich ansammeln müssen, um ein musikalisches Werk zu schaffen. Der Komponist hat keine Vorbilder in der Natur wie der Maler, er kann nichts nachempfinden oder nachahmen, sondern muß allein aus seinem Innersten 'schöpfen'. Den Schöpfungsprozeß können wir weder verstehen noch erfassen, er findet wohl in einem tranceartigen Zustand nahe dem Unbewußten statt. Damit ergäbe sich die Frage: Sind große Komponisten der Gefahr, dem Wahnsinn zu verfallen, besonders stark ausgesetzt, weil sie sich – um schöpferische Visionen oder Einfälle zu empfangen und diese dann dem ordnenden Verstand zuzuführen, um sie in Töne zu kleiden und festzuhalten – allzu häufig zwischen unbewußter und bewußter Geistesverfassung bewegen müssen?

Musica ist ein halbe Disziplin
und Zuchtmeisterin, so die
Leute gelinder und sanftmütiger
sittsamer und vernünftiger macht.
Martin Luther

ALTERTUM, MITTELALTER UND RENAISSANCE

Vorbetrachtung

Zunächst ein kurzer Überblick über die Anfänge der Musik und über wichtige Begebenheiten in ihrer Entwicklung vom Altertum bis zur Renaissance:

In China läßt sich eine Musikkultur bis in die Zeit um 3000 v. Chr. zurückverfolgen. Es gab eine pentatonische Tonleiter[a], einen dreiteiligen Rhythmus und einen Kammerton. Auch waren selbstklingende Schlaginstrumente wie Xylophone bereits hoch entwickelt.

In Indien ist die Musikpflege genau so weit zurück nachzuweisen. Seit etwa 1800 v. Chr. gab es Opfergesänge, geistliche und weltliche Weisen.

Im Neuen Reich der Ägypter (1550–1085 v. Chr.) kannte man bereits Liebeslieder. Von den 42 Büchern der Weisheit behandeln 2 die religiöse, ethische, erzieherische und nationale Bedeutung der Musik.

Die durchweg einstimmige Musik der griechischen Antike ist nur aus Traktaten und einigen Bruchstücken bekannt. Um 1150 v. Chr. entstanden die Götter- und Heldenlieder der Aöden[b] und um 1000 v. Chr. die Hymnen[c] von Delphi und Delos.

Bereits im 5. Jh. v. Chr. wurde der Begriff Musik, der vorher für alle schönen Künste und Wissenschaftszweige galt, ausschließlich für die Tonkunst angewendet. Pythagoras von Samos (582–496) begründete die Lehre, daß Zahlen der Urgrund des Kosmos seien

a Fünfstufige Tonreihe (Quint-Quart-Kette) ohne Halbtöne.

b Dichtersänger, die ihre Lieder zur Leier vortrugen.

c Kultische Lob- und Preisgesänge.

und ihre Verhältnisse ihn regieren. Zu diesen Erkenntnissen kam er vermutlich durch seine Experimente auf einem Monochord: Durch Verschiebung eines Steges teilte er die Saite und erbrachte so den Nachweis, daß Intervalle durch Zahlenverhältnisse ausgedrückt werden können. Einer seiner Anhänger, der alexandrinische Mathematiker Euklid, begründete die Lehre des Tetrachords[d] mit der daraus abgeleiteten 16-stufigen Tonleiter. Aristoxenos von Tarent (354–300), Schüler von Aristoteles, erkannte dem Gehör ein selbständiges Urteil zu und schrieb: „Mit dem Gehör unterscheiden wir die Größe der Intervalle, mit dem Denken aber erwägen wir ihre Wirksamkeit."

Im alten Rom entwickelte sich keine eigene Musikkultur. Die Musik kam vorwiegend aus Griechenland und aus dem Orient. Mesomedes, freigelassener Sklave des Kaisers Hadrian (117–38) und griechischer Lyriker, schrieb u.a. 12 Hymnen mit teilweise altgriechischen Notenzeichen. Die Entdeckung dieser Hymnen verdanken wir übrigens V. Galilei, dem Vater von Galileo Galilei. Claudius Ptolemäus (ca. 100–160 n. Chr.), der letzte große Naturwissenschaftler der Antike, entwickelte die Erkenntnisse der Pythagoreer weiter. Seine Arbeiten gehören zu den wichtigsten Dokumenten damaliger Musiktheorie, die von der Annahme ausgeht, daß mathematische Gesetzmäßigkeiten und Gehörpsychologie übereinstimmen. Der Heilige Augustinus (354–430) legte den Umfang der naturwissenschaftlichen Bildung durch das Quadrivium fest: Arithmetik, Geometrie, Astronomie (ptolemäisches System) und Musik (pythagoreische Harmonielehre).

Um 600 entstanden in St. Gallen und Reichenau die ersten Gesangsschulen. Im 8. Jh. erfolgte die Festlegung der Tonarten und im 9. Jh. die schriftliche Fixierung von Melodien mit Hilfe von Neumen (griechisch neuma = Hinweis). Bei diesen Vorläufern der Noten handelt es sich um etwa 20 Zeichen, aus denen, in Verbindung mit Buchstaben, relativer Tonverlauf und Rhythmus zu ersehen sind. Die Messen sang man bereits mehrstimmig. Im 10. Jh. führte die polyphone[e] Kompositionsweise in der Sängerschule des Klosters St. Gallen zu einer ersten Blüte.

Um 1025 wurde die Aufzeichnung von Melodien wesentlich durch die Einführung von Tonsilben und des Vierliniensystems für die Neumen-Notation erleichtert, siehe Guido von Arezzo, Marke (1). Die absolute Tonhöhe ist dabei durch Schlüssel festgelegt, ähnlich dem heute üblichen Violin-(G)-Schlüssel, wie ihn Marke (2) zeigt. Im 12. Jh. ersetzte man die Neumen durch Noten mit quadratischen Köpfen – Nota quadrata. Ein Jahrhundert später wurde durch die Notwendigkeit, den verschiedenen Stimmen in der polyphonen Satztechnik bestimmte Zeitwerte zuzuordnen, die Mensuralnotation eingeführt. Zu den vollen und hohlen quadratischen Notenköpfen kamen rechteckige hinzu, man variierte ihre Stellung (normal und auf der Spitze stehend) und die der Fußstriche. Die Marke (3) zeigt auf der Spitze stehende quadratische Notenköpfe sowie einen Vorgänger des G-Schlüssels. Hier muß jedoch angemerkt werden, daß Schütz diese Komposition erst im 17. Jh. schuf, die Druckerei vermutlich aber mit veralteten Typen arbeitete. Ein anderes Beispiel der Nota quadrata stellt der In dulci jubilo-Notenausschnitt aus der Musae Sionae (einer umfangreichen Sammlung von Choralbearbeitungen von Michael Praetorius) auf Marke (4) dar. Vor den Noten ist eine Stimmgabel zu sehen, die vermutlich 1711 von John Shore erfunden wurde.

Obgleich man schon ein Jahrhundert vorher begann, die Neumen durch Noten zu ersetzen, wurde noch im 13. Jh. die Liedersammlung Carmina Burana des Klosters

d Eine Gruppe von vier benachbarten Tönen.

e Bei dieser mehrstimmigen Kompositionsart hat die Einzelstimme so viel Eigenwertigkeit, daß jede für sich einen anderen melodischen und rhythmischen Ausdruck vermittelt und allein gespielt ein Kunstwerk ist.

POSTE ITALIANE
L.20
IX CENTENARIO DELLA MORTE
DI GUIDO D'AREZZO
1

DEUTSCHE BUNDESPOST BERLIN
CHORFEST DES DEUTSCHEN SÄNGERBUNDES
40
1976
2

LIED UND CHOR
DEUTSCHE BUNDESPOST
20
4

POLSKA
1810
1960
1,50 ZŁ
CHOPIN
6

PAUL GERHARDT 1607-1676
Befiehl du deine Wege
DEUTSCHE BUNDESPOST 40
1976
5

40
DEUTSCHE BUNDESPOST
1972
3

Suomen säveltaiteen juhlavuosi
Jubileumsåret för Finlands tonkonst
1982
1,20
Suomi Finland
7

Benediktbeuren für die Neumierung vorbereitet; es wurden jedoch nur wenige Neumen eingetragen. Die Sammlung von etwa 300 Liedern enthält auch weltliche Gesänge, darunter solche mit politischer und religiöser Polemik, vor allem gegen die Sittenlosigkeit des Klerus. (Carl Orff komponierte 1935 zu einigen dieser Texte eine szenische Kantate mit dem Titel 'C.B.'). Im 14. Jh. gewann die Vokalmusik, dank der Weiterentwicklung mehrstimmiger Satzkunst, erheblich an Ausdrucksfülle. Das Fünfliniensystem und Taktstriche wurden eingeführt und die Notenköpfe abgerundet.

Die kontrapunktische[f] Vielstimmigkeit der Niederländischen Schule (etwa ab 1400) ermöglichte durch die sich allmählich herausbildende Dur- und Molltonalität während der Renaissance (15. und 16. Jh.) neue harmonische Ausdrucksmöglichkeiten. Die Meister der Orgel entwickelten mit der Einführung der Passacaglia[g] und Toccata[h] eine neuartige Instrumentalmusik, die später durch Bach meisterliche Vollendung fand. 1452 erschien in Nürnberg das erste Lehrbuch des Orgelspiels.

Die Marke (5) stellt den Ausschnitt einer Komposition dar, deren Notation, im Gegensatz zu der auf (3) und (4) gezeigten, runde Köpfe und Taktstriche sowie Takt- und Pausenzeichen aufweist. Auf der Marke (6) ist eine große Viertelnote vor einem Fragment der Notenhandschrift Chopins dargestellt. Gedruckte moderne Notation des 20. Jh.s zeigt (7).

Komponisten

Als erster deutscher Komponist wird der Selige *Notker Balbulus* (840–912) angesehen, der als Bibliothekar im Benediktinerkloster von St. Gallen lebte (8). Er komponierte und dichtete Choräle, Hymnen[i] und Sequenzen[j], die den Gregorianischen Gesängen einen festen Platz im Gottesdienst sicherten. Durch seine musiktheoretischen Abhandlungen wurden erstmals Form und Bedeutung der wechselchörigen Sequenz als neue Gesangsart festgelegt.

Guido von Arezzo (995–1050), Marke (1), einer der maßgebenden Musikwissenschaftler des Mittelalters, führte die Notenschrift auf Linien im Terzabstand ein, sorgte für eine Rationalisierung der Töne und Tonschritte in einer geordneten Diatonik[k] und leitete damit die Trennung der lateinisch-abendländischen von der griechisch-morgenländischen Musik ein. Zur Schulung des Gehörs stellte er ein Namenssystem der Töne (Solmisation) für den Hexachord[l] auf mit ut-re-mi-fa-sol-la entsprechend c-d-e-f-g-a. Später wurde ut zu do und im 16. Jh. die Tonsilbe si (entsprechend h) zugefügt.

Hildegard von Bingen (1098–1179) ist die einzige Komponistin, die auf einer Briefmarke gezeigt ist (14). Sie war über 40 Jahre Äbtissin des Benediktinerklosters Ruprecht bei Bingen,

f Die kontrapunktische Kompositionsform bedeutet, daß die einzelnen Stimmen melodisch selbständig sein können, was nach festgelegten Regeln geschah. Aus Kontrapunkt (Vielstimmigkeit) ist vermutlich 'kunterbunt' entstanden.

g Instrumentalstück, bei dem über einem sich oft wiederholenden Baßthema immer neue Klanggruppen auftreten.

h Ursprünglich ein in freier Improvisation gestaltetes Musikstück, vor allem als Präludium für Tasteninstrumente, später dreiteilig mit einem gebundenen imitierenden Mittelteil.

i Gesänge in Liturgie und Stundengebet.

j Melodie mit Rhythmus, Reim und strophischer Gliederung.

k Dur-Moll-Tonleitersystem.

l Sechs stufenweise aufeinanderfolgende Töne der Grundskala, der den Tetrachord ablöste und die Basis des mittelalterlichen Tonsystems wurde.

Wolfram von Eschenbach
800 Jahre ✱ 1170 – 1970
mâze — zuht — triuwe
Fürstentum
30
Liechtenstein
Fürstentum
50
Liechtenstein
Fürstentum
80
Liechtenstein
Fürstentum
1.20
Liechtenstein
Fürstentum Liechtenstein

9

NOTKER BALBULUS V. ST. GALLEN
40
EUROPA
FÜRSTENTUM LIECHTENSTEIN

8

10
+5
DEUTSCHE BUNDESPOST BERLIN
FÜR DIE JUGEND 1970

10

20
+10
FÜR DIE JUGEND 1970
DEUTSCHE BUNDESPOST BERLIN

11

30
+15
DEUTSCHE BUNDESPOST
FÜR DIE JUGEND 1970

12

50
+25
DEUTSCHE BUNDESPOST
FÜR DIE JUGEND 1970

13

hat zahlreiche Kompositionen und Dichtungen geschaffen und verfaßte ein Kyrie[m] und viele Kirchengesänge. Sie war berühmt durch ihre Visionen und Prophezeiungen, befaßte sich außer Glaubensfragen auch mit Problemen der Naturwissenschaft und Medizin und wurde später heiliggesprochen.

Zu den ältesten uns überlieferten Kompositionen weltlicher Musik gehören die einstimmigen Gesänge der im 12. und 13. Jh. lebenden Minnesänger, deren Texte stark von den provençalischen Troubadours und nordfranzösischen Trouvères beeinflußt waren. Während von den deutschen Hofdichtern und Komponisten die meisten Werke verlorengegangen sind, blieben von ihren französischen Kollegen etwa 5000 Gedichte und fast 2000 Melodien in Handschriften erhalten.

Auf dem Markenblock (9) sind vier Minnesänger nach der Heidelberger (Manessischen) Liederhandschrift dargestellt. Der 30 Rp-Wert zeigt *Wolfram von Eschenbach*, einen der drei größten Epiker der hochhöfischen Zeit, der auch den Parsival dichtete und komponierte. Der 50 Rp-Wert zeigt *Reinmar* den Fiedler und der 80 Rp-Wert *Friedrich von Hausen*, den Begründer der Lyrik der Hohen Minne. Auf dem 1,20 Fr-Wert sieht man *Hartmann von Starkenberg*, Verfasser von Ritterepen und Legendendichtungen sowie Komponist von Minne- und Kreuzzugsliedern.

Walther von der Vogelweide, der vermutlich von 1170 bis 1230 gelebt hat, ist auf (13) dargestellt. Er war einer der beliebtesten Minnesänger im Gefolge Friedrichs II. und gilt als Vollender der Formkunst höfischer Minnelyrik. Das einzige seiner Werke, das komplett erhalten blieb, ist das Palästinalied, in dem er das gelobte Land besingt. Während des Sängerstreites auf der Wartburg (1206/07) soll der Kampf zwischen ihm und seinem Kontrahenten Heinrich von Ofterdingen so verbissen geführt worden sein, daß man nach dem Henker rief. Auf (10) sieht man *Heinrich von Stretlingen*, auf (12) *Walter von Metz* und auf (11) *Meinloh von Sevelingen*, einen der ersten Minnesänger, der noch nicht von der provençalischen Lyrik beeinflußt war.

Angesprochen von der Zartheit der Minnelieder-Texte hat in unserer Zeit *Hans Pfitzner* (1869–1959) einige von ihnen vertont.

Guillaume de Machaut (1300–1377), französischer Dichter und Komponist (15), schuf hauptsächlich weltliche Werke in Form von Balladen, Motetten[n], Reigen und lyrischen Liedern nach Art der Trouvères. Er war der erste Komponist, der eine vierstimmige Messe schrieb. Die mehrstimmige Kirchenmusik wurde zu seiner Zeit eingeführt. Es erscheint heute unglaublich, daß der damalige Papst Johannes XXII. sie verbieten und nur einstimmige Gesänge dulden wollte.

Die adlige Kunst des 'Liedermachens' endete mit dem Ritter, Dichter, Komponist, Welt- und Handelsreisenden *Oswald von Wolkenstein* (1377–1445), der nicht nur ein, sondern auch zwei- und dreistimmige weltliche Gesänge mit teilweise recht derben Texten komponierte. Die Marke (16) zeigt ihn auf einem Gemälde aus der Innsbrucker Liederhandschrift, das neben den Bildnissen von Notker Balbulus (8) und Hildegard von Bingen (14) zu den ersten deutscher Komponisten gehören dürfte.

m Vertonter Gebetsruf.
n Mehrstimmige Vertonung von Bibeltexten ohne Instrumentalbegleitung.

14

15

16

17

18

19

20

21

Das kulturelle Erbe der Minnesänger übernahmen in Deutschland im 14. Jh. die bürgerlichen, meist dem Handwerkerstand angehörenden Meistersinger. Sie lernten das Liedermachen (dichten, komponieren, vortragen) schulmäßig mit Zwischen- und Abschlußprüfungen. Zuerst schlossen sie sich in Bruderschaften, später in einer zunftmäßigen Organisation zusammen. Der Höhepunkt ihres Schaffens lag im 15. und 16. Jh. Ihr bekanntester Vertreter war *Hans Sachs* (1494–1576); vier seiner Buchtitel werden auf der Marke (17) gezeigt. Er schuf etwa 6000 Werke von großer Vielseitigkeit. In Gesängen, Spruchgedichten, Dramen und Komödien behandelt er die menschliche Dummheit sowie die bürgerliche Ehe- und Sexualmoral. Er wurde allein durch Goethes Wertschätzung und Wagners Idealisierung in seiner durch Lortzings Hans Sachs angeregten Meistersinger-Oper bekannt, seine Werke dagegen nicht.

Die zunftmäßige Organisation der Meistersinger gab es nur in Deutschland. In anderen Ländern waren solche bürgerlichen Institutionen nicht üblich.

Kein geringerer als *Martin Luther* (1483–1546) engagierte sich für die Beibehaltung der Musik im Gottesdienst. Er schrieb die Melodien zu mehr als 20 umgedichteten Texten von Volksliedern und komponierte einige Psalmen. Auch den gewaltigen und bewegenden Choral 'Ein feste Burg ist unser Gott, ein gute Wehr und Waffen' verdanken wir ihm. Als ehemaliger Augustinermönch war er mit den Gedanken des Patrons dieses Ordens über die Musik vertraut und schrieb in seinem Vorwort zu den Symphoniae jucundae von Georg Rhau 1538: „Wo aber die natürliche Musica durch die Kunst geschärft und poliert wird, da sieht und erkennt man erst zum Teil (denn gänzlich kann's nicht begriffen noch verstanden werden) mit großer Verwunderung die große und vollkommene Weisheit Gottes ...". Kurz vor seinem 500. Geburtstag wurde dieser große deutsche Gottesmann von der DDR vom Fürstenknecht zum Frührevolutionär befördert. Die Marke (18) zeigt Luther nach einem Holzschnitt von Lucas Cranach d. Ä.

Das goldene Zeitalter des Kontrapunktes (Gleichberechtigung aller Stimmen) begann in Italien mit Giovanni Pierluigi da *Palestrina* (1525–1594). Er war vor Bach der größte Meister des Kontrapunktes und nicht nur Retter, sondern auch Erneuerer der katholischen Kirchenmusik (19). Der Palestrinastil wurde im 17. Jh. Vorbild für den streng kirchenmusikalischen Geist. Er komponierte viele Motetten und Messen[o], aus denen die Missa Papae Marcelli als berühmtestes Musikwerk der Renaissance herausragt. Sie entstand wahrscheinlich im Hinblick auf das Tridentinische Konzil (1545–1563), wo einige der Konzilväter mehrstimmige Kirchenmusik wiederum verbieten wollten, wie es schon 200 Jahre vorher Johannes XXII. versucht hatte. Palestrina, dessen Kirchenmusik (Improperien) seit 1560 ständig zur Karfreitagsliturgie in der Sixtina gesungen wird, ist als 'Fürst der Musik' in der Peterskirche in Rom beigesetzt worden.

Claudio Monteverdi (1567–1643) ist der älteste Komponist, dessen Musik heute wieder in der ganzen Welt zu hören ist, nachdem sie 300 Jahre vergessen war. Er wendete erstmals den Kontrapunkt auf weltliche Musik in Form der Madrigale[p] an, die in 9 Bänden enthalten

o Instrumentalwerke mit Chor und Solostimmen für den nach bestimmtem Ritual abgehaltenen katholischen Hauptgottesdienst.

p Das Madrigal zu Monteverdis Zeiten war ein mehrstimmiges weltliches Chorlied, das ein Gegenstück zur polyphonen geistlichen Motette darstellte.

sind. Außerdem komponierte er Kirchen- und Ballettmusik sowie Opern (21). Unter ihnen ist auch die erste Oper von künstlerischem Rang, Orfeo (1607). Sie und einige andere, wie Il ritorno d'Ulisse und L'incoronazione di Poppea, hat man gegenwärtig wiederentdeckt.

Monteverdi soll wesentliche Neuerungen eingeführt haben: Das Pizzikato[q], das Tremolo[r] und die Ouvertüre.

Heinrich Schütz (1585–1672) gilt als der größte deutsche Komponist seiner Zeit (20). Mit ihm beginnt im Deutschland des 17. Jh.s der Siegeszug des Kontrapunktes. Außer protestantischer Kirchenmusik in Form von Chören mit biblischen Texten in deutscher Sprache schrieb er Madrigale und auch die erste deutsche Oper, Daphne. Schütz gehört wie Haydn und Verdi zu jenen Komponisten, die erst im vorgeschrittenen Alter ihr Reifstes und Größtes gaben: Als fast 80-jähriger komponierte er ein Weihnachtsoratorium sowie die Johannes- und Matthäuspassion. Mit seinen Werken hat Schütz einen hervorragenden Beitrag zur Musik des Frühbarock geleistet.

Bach – das ist Anfang und Ende aller Musik.
M. Reger

BAROCK

Vorbetrachtung

Die Barockmusik kam im 17. Jh. aus Italien und wurde fast 150 Jahre lang nur an fürstlichen Höfen und in Kirchen gespielt. In dieser Stilepoche, auch Generalbaßzeitalter genannt, entstanden neuartige Musikgattungen wie Oper, Kantate[s], Sonate[t] und Fuge[u]. Weiterentwickelte Instrumente ermöglichten außerdem das Concerto grosso, aus dem große Instrumentalwerke und Solokonzerte hervorgingen. Um 1600 entstand auch die Kammermusik im höfischen Italien. Diese Instrumentalmusik für kleine, solistische Besetzung spielte man bis zum 18. Jh. vorwiegend in privaten Kreisen. Dann gelangten diese kleinen Kostbarkeiten großer Meister in die Konzertsäle, während man sich daheim mit weniger anspruchsvoller Hausmusik begnügte.

Stilbestimmende Komponisten des Barock waren in Deutschland Telemann, Bach, Händel und Gluck, in Italien Corelli, Vivaldi und Pergolesi, in Frankreich Lully, Rameau und Couperin und in England Purcell.

Die Größten dieses Zeitalters, Bach und Händel, die sich persönlich nicht kannten, wurden im gleichen Jahr in Mitteldeutschland geboren, beide erblindeten im Alter, erfolglos be-

q Vortrag mit gezupften Saiten.

r Schnelle Wiederholung desselben Tones.

s Mehrteiliges, instrumental begleitetes Sologesangsstück mit lyrischen oder dramatischen Texten.

t Anfangs nur solistisch besetzte Instrumentalstücke (im Gegensatz zum Vokalstück), seit Mitte des 17. Jh.s mehrsätzig (z. B. schneller Satz, langsamer Satz, Menuett, schneller Satz).

u Vollendete Ausbildung eines vielstimmigen Satzes, bei dem das gleiche Thema in den verschiedenen Stimmen nacheinander auftritt und kunstvoll gegeneinander gesetzt wird.

handelt von demselben englischen Arzt. Von diesen Parallelen abgesehen, konnten die äußeren Lebensumstände dieser begnadeten Schöpfer unsterblicher Barockmusik kaum verschiedenartiger oder gegensätzlicher sein: Bach entstammte einer Musikerfamilie, in der man jedes neue Talent freudig begrüßte, während Händel als Knabe heimlich musizieren mußte, da seine Familie völlig unmusikalisch war. Bach gründete eine große Familie mit vielen Kindern, Händel blieb ehe- und frauenlos. Bach führte ein bescheidenes Leben und reiste kaum, Händel lebte in großem Stil und war ein vielgereister Mann von Welt. Bach fand zu Lebzeiten wenig Beachtung, kein Gedenkstein zierte sein Grab, und seine Witwe starb als Almosenfrau. Händel hingegen war wohlhabend und so hoch geachtet, daß man ihm bereits zu Lebzeiten ein Denkmal errichtete und ihn, seinem Wunsch entsprechend, in der Westminster Abbey beisetzte.

Komponisten

Die Kirchenlieder von *Paul Gerhardt* (1607–1676) werden zum größten Teil noch heute gesungen, wie: Nun ruhen alle Wälder, Geh' aus mein Herz und suche, O Haupt voll Blut und Wunden (22). Sein Schaffen bildet den Höhepunkt der evangelischen Kirchenlieddichtung des Barock und führte die Entwicklung vom Bekenntnislied zum persönlichen Erbauungslied. Ein Notenausschnitt seines Liedes 'Befiehl Du Deine Wege' ist auf (5) zu sehen. Erfreulich ist es, daß ein Teil seiner Werke auch zum Liederschatz der römisch-katholischen Kirche gehört (Musik als Baustein der Ökumene).

Jean-Baptiste Lully (Lulli) (1632–1687), der sich vom Küchenjungen zum Leiter der königlichen Hofkapelle emporarbeitete, gilt als der Vater der französischen Oper (23). Seine Werke, die etwa 10 Jahre zum Repertoire gehörten, waren Vorbild für spätere Komponisten, werden heute aber kaum noch aufgeführt. Nur in Frankreich hört man ab und zu Ausschnitte daraus. Lully ist auch der Schöpfer der Orchestersuite, die sich in Besetzung und Klangstil von der früheren, rein kammermusikalisch angelegten Musik klar unterscheidet. Zusammen mit Molière entwickelte er die neue Gattung der Ballettkomödie. Seine Opern, Ballette und kirchlichen Gesangswerke verliehen dem Sonnenkönig Ludwig XIV. auch musikalisch einen glanzvollen Hintergrund. Der König gab 1872 ausschließlich Lully das Recht, Opern aufzuführen, welche dann auch Menschlichkeit, Ruhm und Macht des Herrschers gehorsamst würdigten. Er schrieb seine Werke für die höfische Gesellschaft. Die Bevölkerung hörte nur Opernauszüge als Suiten und nahm sie begeistert auf.

Als 55-jähriger verletzte Lully beim temperamentvollen Dirigieren mit der damals üblichen langen Dirigierstange so schwer seinen Fuß, daß er an den Folgen des Unfalls starb. Er hinterließ seinen Nachkommen ein Vermögen von 800 000 Livres, was einer heutigen Kaufkraft von etwa 4 Millionen DM entspricht.

Vier Komponisten, die bisher nicht auf Briefmarken gewürdigt wurden, übten einen maßgeblichen Einfluß auf die folgende Musikentwicklung aus:

Dietrich Buxtehude (1637–1707), Hauptvertreter der norddeutschen Orgelschule, beeinflußte durch seine Orgelkompositionen, Kantaten, Choralbearbeitungen und seine Kammermusik J.S. Bach und andere Komponisten.

Henry Purcell (1659–1695) gilt als der bedeutendste Komponist Englands. Er schuf Instrumentalmusik, Sonaten, Vokalwerke, Chorwerke für Kirche und Hoffeste, weltliche

22

23

24

25

27

26

28

Kantaten, Lieder, Gesänge, Schauspielmusiken und Opern. Durch seine Oper Dido und Äneas sorgte er für eine kurze Blütezeit der englischen Nationaloper. Seine Kirchenmusik beeinflußte Händel sehr stark.

Johann Kuhnau (1660–1722) verwendete als erster die Bezeichnung 'Sonate' für Klavierkompositionen. Er war vor Bach Thomaskantor in Leipzig und schuf Kantaten, eine Zeitsatire: Der musikalische Quacksalber, u.a.

Jean Philippe Rameau (1683–1764), Kammerkomponist des Königs Ludwig XV., setzte die Verherrlichung des Herrscherhauses fort, die mit Lully begonnen hatte, und ging sogar so weit, in dem allegorischen Opernvorspiel 'Die Einigung der Götter' Ludwig XV. mit Jupiter gleichzusetzen, der über Himmel und Erde herrscht, während der englische König Georg II. als Neptun über die Weltmeere gebietet. Rameaus Kompositionsgabe gelang es, den starken Einfluß der neapolitanischen Oper von Frankreich fernzuhalten und die französische Oper und das Ballett zu höchster Blüte zu bringen. Seine Cembalowerke waren Vorbilder für spätere Komponisten. Die Musiktheorie sieht in ihm den Begründer der modernen Harmonielehre.

Arcangelo Corelli (1653–1713), ein Großmeister des barocken Violinstils, ist der Schöpfer des Concerto grosso, von denen er zwölf schrieb, darunter das bekannte Concerto fatto per la notte di Natale. Weiterhin hat er Triosonaten und erstmals Solosonaten für Violine komponiert. Er gilt als einer der Hauptvertreter der altklassischen italienischen Schule. Man ernannte ihn bereits mit 17 Jahren wegen seines virtuosen Geigenspiels zum Mitglied der Bologneser Accademia filarmonica, wie ein Jahrhundert später den 14-jährigen Mozart. Corelli, der hochgeachtet war und eine angesehene Stellung in der Gesellschaft hatte, wurde im Alter menschenscheu und starb vereinsamt. Marke (24) zeigt den Komponisten nach einem Fresco von G.B. Carlone.

Alessandro Scarlatti (1660–1725), Vater der neapolitanischen Oper und einflußreicher Komponist der italienischen Musik des Hochbarocks (25), war maßgeblich an der Einführung der Da-capo-Arie beteiligt, die er in seinen mehr als 100 Opern aufnahm. Dabei handelt es sich um eine dreiteilige Arie, deren letzter Teil den ersten genau wiederholt. Sein Versuch, die neapolitanische Komödie in eine komische Oper (Opera buffa) weiterzuentwickeln, mißlang. A. Scarlattis Werke wurden zu seinen Lebzeiten als zu gelehrt und ernst kritisiert und sind heute fast vergessen.

Dagegen erfreut sich die Klaviermusik seines Sohnes Domenico (1685–1757), und hier besonders die geistvollen und spritzigen Sonaten, immer noch großer Beliebtheit. Diese Vorläufer der späteren Sonatenform, ursprünglich von ihm für Cembalo (Harpsichord) geschrieben, erlangten mit der Entwicklung des Klaviers weitreichende Bedeutung.

Aus der Lautenmusik entwickelte *François Couperin* (1668–1733), Kammermusiker am Hofe Ludwigs XIV., erstmals hochwertige ornamentreiche Cembalowerke, wie die Suiten Das Schäferspiel, Die Strickerin und Die Klatschbase, alles Werke, die Bach Händel und Telemann beeinflußten (26). Außerdem gelang Couperin die Verschmelzung französischer und italienischer Stilelemente zu einem neuartigen Klaviersuitenstil und die Entwicklung der Klaviersonate etwa zur gleichen Zeit wie Kuhnau und D. Scarlatti. Im reifen Alter von 77 Jahren komponierte R. Strauss nach Klavierstücken von Couperin ein Divertimento für kleines Orchester.

29

30

31

32

33

34

35

36

37

Antonio Vivaldis (1678–1741) Werke fanden bei Johann Sebastian Bach so große Bewunderung, daß er 16 der Violinkonzerte für Klavier, vier für Orgel und eines für vier Klaviere und Streichorchester arrangierte (27). Trotzdem mußten erst fast zwei Jahrhunderte vergehen, bis die Kompositionen Vivaldis als Kostbarkeiten gewürdigt wurden. Historisch gesehen gehört Vivaldi zu den Vätern der großen Instrumentalkonzerte. Seine Werke sind erfüllt von poetischem Ausdruck, besonders seine 12 Violinkonzerte Die Vier Jahreszeiten. Man hört darin die Vögel jubilieren, den Kuckuck rufen, die Tauben gurren und sogar die Zähne in der Winterkälte klappern.

Georg Philip Telemann (1681–1767) gehört zu den wenigen deutschen Musikern, die bereits zu Lebzeiten großen Erfolg hatten. Er löste sich als erster vom Formenkanon des Barocks; sein kompositorisches Werk umfaßt Opern, Passionen, Messen, Psalmen, zahlreiche geistliche und weltliche Kantaten, Lieder, Oden[v], Kanons[w] sowie Solokonzerte für verschiedene Instrumente, Kammer-, Klavier- und Orgelwerke. Die Musik ist humorig, geistreich, charmant und will weder heroisch, aggressiv noch tragisch sein. Naturgemäß erreicht sie nie das Gewicht der musikalischen Schöpfungen Bachs und Händels. Fast 150 Jahre lang geriet sie in Vergessenheit und wurde erst durch die Wiederbelebung des Laienmusizierens neu entdeckt. Die Marke (28) zeigt den fast 70-jährigen Telemann, nach einem Schabkunstblatt (Aquatinta) von Valentin Daniel Preisler, als Vorlage diente ein Gemälde von Ludwig M. Schneider.

Gigantisch ragt die Gestalt *Johann Sebastian Bachs* (1685–1750) in die Gegenwart hinein. Als kaum 20-jähriger komponierte er seine erste Kantate, kurz darauf folgten Choralvorspiele, Präludien und Fugen für Orgel und Klavier sowie seine heute so oft gebotene leidenschaftliche Toccata und Fuge in d-moll. Außer gewaltigen Orgelwerken und tiefreligiöser Choralmusik schrieb Bach erstmals Konzerte für ein, zwei und mehr Klaviere, die später Haydn und Mozart als Vorbild dienten. Seine Kunst der Fuge, eines der letzten Meisterwerke des Kontrapunktes, beendete die Stilepoche des Barock.

J.S. Bach gehörte zu einer weitverzweigten thüringischen Familie, in der die Musik als Handwerk betrieben wurde, das man weitervererbte. Von seinen 20 Kindern (11 verstarben frühzeitig) sind die Söhne Wilhelm Friedemann, Carl Philipp Emanuel, Johann Christoph Friedrich und Johann Christian die bekanntesten der über 8 Generationen verteilten 53 Komponisten und Musiker der Bach'schen Dynastie. Ein wahrlich einmaliges Phänomen in der Musikgeschichte!

Obgleich sogar Beethoven meinte: „Nicht Bach – Meer sollte er heißen!“, erscheint es heute unglaublich, daß die Schöpfungen Bachs 100 Jahre nach seinem Tode als veraltet galten und in Vergessenheit gerieten. Erst mit der Wiederaufführung der Matthäus-Passion 1829 durch Mendelssohn wurde Bach der musikalischen Nachwelt wiedergeschenkt; durch Wagner, Brahms und Reger wurde die Ausdrucksgewalt seiner Musik endgültig erkannt. Bach inspirierte und beeinflußte nicht nur die ihm unmittelbar folgende Musikgeneration, sondern alle, die nach ihm kamen bis hin zur Gegenwart. Selbst die größten Komponisten wie Mozart, Beethoven, Schumann, Chopin und Strauss betrachteten das intensive Studium des Wohltemperierten Klaviers als unbedingte Voraussetzung, ihren Kompositionen eine

v Vertonung lyrischer Gedichte.
w Mehrstimmige Kompositionen, in denen die Stimmen zeitlich nacheinander mit der gleichen Melodie einsetzen.

solide Grundlage zu geben. Es ist kaum vorstellbar, daß dieser geniale Tonschöpfer ein biederer und geiziger Spießbürger war.

Nach seinem Tode schrieb jedoch der Leipziger Stadtrat: „Herr Bach war zweifellos ein großer Musiker, nur hätten wir lieber einen Schulmeister gehabt und keinen Musikdirektor." Die in Vergessenheit geratene Grabstätte Bachs wurde erst 144 Jahre nach seinem Tode auf dem Johannesfriedhof in Leipzig entdeckt.

Postalisches: Bach wird auf den Marken (29) bis (32) geehrt. Seines 200. Todestages gedachte die DDR bereits am 14. 6. 1950, obwohl er erst am 28. 7. 1750 starb, mit einem aus 4 Marken bestehenden Satz. Diese Marken sind ein bemerkenswertes und seltenes Beispiel mißglückter und naiver Darstellung. So zeigt die diesem Satz entnommene Marke (30) ein Portativ spielendes Kind. Diese kleine tragbare Orgel, bei der die rechte Hand auf den Tasten oder Druckknöpfen spielte und die linke den Blasebalg bediente, war zwar um 1400 ein beliebtes Instrument, aber gewiß nicht mehr 3 Jahrhunderte später zu Bachs Zeiten. Auf einer anderen Marke dieses Satzes (31) singt ein Chor nach einem Notenband: b–a–c–h!

Die nicht gezeigten beiden anderen Marken stellen eine Strichzeichnung des grimmig dreinschauenden Bach (nach einem Gemälde von Volbach) und einen Doppelflöte spielenden Hirtenknaben dar. Die Marke (29) zeigt den 25-jährigen Bach nach einem Gemälde von J. Jakob Ihle.

Georg Friedrich Händel (1685–1759) ging nach einer dreijährigen Ausbildungszeit an der Hamburger Oper weitere drei Jahre nach Italien und wurde 1710 kurfürstlicher Kapellmeister in Hannover, (33) bis (35). Ab 1712 lebte er ständig in London, erhielt viele Aufträge von Hof und Adel und schuf eine zur höfischen Prachtentfaltung passende Musik, die noch heute zu jeder Krönungsfeierlichkeit gespielt wird. 1719 übernahm er die künstlerische Leitung der neugegründeten Royal Academy of Music (Subskribenten und Abonnenten waren der König und Mitglieder des Hofadels) und rückte London mehrere Jahrzehnte lang in den Mittelpunkt des europäischen Musiklebens.

Da er kein Reformator war, zeigen seine 45 Opern starken italienischen Einfluß, bei denen aber die Ausdrucksmöglichkeiten der übernommenen Formen zu großer Vollkommenheit gesteigert sind. Die 1720 einsetzende öffentliche Kritik an der prunkvollen und heroischen neapolitanischen Oper erreichte 1728 – ein Jahr, nachdem Händel englischer Staatsbürger geworden war – ihren Höhepunkt mit der Uraufführung von The Beggar's Opera, einer Dichtung von John Gay, die von J.Ch. Pepusch, einem Berliner Pfarrerssohn, in Musik gesetzt wurde. Diese der Spottlust der Engländer schmeichelnde Bettleroper, eine geniale Karikatur der Barockoper und scharf gezeichnete Parodie der politischen Zeitgeschehnisse, verursachte durch ihren Erfolg den Zusammenbruch der Royal Academy of Music. Händel gründete darauf mit seinen Ersparnissen 1729 ein eigenes Unternehmen, das anfangs großen Erfolg hatte, aber 1737 die Pforten schließen mußte. Gesundheitlich wie wirtschaftlich erschöpft, schrieb er danach außer der heiteren Oper Xerxes nur noch geistliche Musik.

Händels Werke besitzen zwar nicht die religiöse Tiefe Bachs, seine Oratorien Saul, Israel in Ägypten und Der Messias sind aber erfüllt vom Geist christlichen Humanitätsdenkens. Als Haydn den herrlichen Halleluja-Chor aus dem Messias hörte, soll er ausgerufen haben: „Händel ist der Meister von uns allen!" Beethoven meinte: „Händel ist der größte Komponist, der je gelebt hat. Ich würde mein Haupt entblößen und auf seinem Grabe niederknien!"

Händel, der 7 Jahre vor seinem Tod erblindete, war in England so hoch geachtet, daß er in der Poet's Corner der Westminster Abtei beigesetzt wurde.

Postalisches: Mit diesem Komponisten hatte die ehemalige Reichsdruckerei Probleme, die zu zwei Abarten führten: Durch Schäden an der Druckplatte ist bei einem kleinen Teil der Auflage sein Geburtsjahr als 1585 zu lesen und auf einem anderen fehlt seine rechte Pupille (MiNr. 575 I und II). Die Marke (35) zeigt Händel nach einem Stich von P. Wurster.

Johann Joachim Quantz (1697–1773), Kammermusiker und Hofkomponist Friedrich des Großen, komponierte mehrere hundert Flötenkonzerte sowie Kammermusikwerke mit Flöte (36). Auch verbesserte er dieses Instrument durch Anbringen einer zusätzlichen Klappe. Er war ein Berliner Vertreter des galanten Stils und verfaßte ein stark beachtetes Flötenlehrbuch.

Giovanni Battista Pergolesi (1710–1736), Meister der neapolitanischen Opera buffa, beeinflußte die italienische Opern- und Instrumentalmusik maßgeblich (37). Der nur 26 Jahre alt gewordene Pergolesi gehört ohne Zweifel zu den genialen Komponisten. Seine musikgeschichtliche Bedeutung liegt besonders auf dem Gebiet der Oper, obwohl er auch Kirchenmusik, wie die berühmte zehnstimmige Messe und das Stabat mater, komponierte. Sein Stil zeichnet sich durch klare Form und ansprechende Melodik aus und hatte eine so starke Wirkung, daß sie vielfach nachgeahmt wurde und andere Komponisten inspirierte (s. Strawinsky S. 77). Er schuf die erste vollwertige komische Oper, La Serva Padrona, Die Magd als Herrin. Die Uraufführung in Neapel 1733 ging zunächst in der Fülle ähnlicher Veranstaltungen völlig unter. Erst 19 Jahre später brachte eine italienische Truppe das Werk nach Paris, wo es einen Taumel der Begeisterung auslöste und seinen Siegeszug durch ganz Europa antrat. Diese Oper, Vorbild für die französische Opéra comique ,wird heute noch aufgeführt.

Christoph Willibald Gluck (1714–1787) war nicht nur einer der größten Komponisten, sondern auch der Reformator der ernsten Oper. Aus diesem Grund muß er hier erwähnt werden, obgleich dieser geniale Deutsche bisher auf keiner Marke gewürdigt wurde. Gluck löste sich bewußt vom italienischen und französischen Opernstil. Im Vorwort zu seiner Oper Alceste schrieb er, daß er mit ihr beabsichtige, „all die Mißbräuche, welche die falsch angebrachte Eitelkeit der Sänger und die allzu große Gefälligkeit der Komponisten in die italienische Oper eingeführt haben", zu vermeiden. Besonders war er in seinen Werken darauf bedacht, nicht „auf Kosten der Klarheit mit Schwierigkeiten zu prunken." Das Ziel seiner Reform war es, Einfachheit des Ausdrucks und mehr Einheitlichkeit der dramatischen Handlung zu erreichen.

Bei Gluck steht die Musik im Dienst des Dramas, während bei Mozart das Wort im Dienst der Musik steht. Glucks Hauptwerke sind Opern, deren Handlung, dem Zeitgeschmack entsprechend, der antiken Mythologie entnommen wurden (Orpheus, Alceste, Iphigenie auf Aulis, Iphigenie auf Tauris und Antigone).

Melodie ist das Wesen der Musik. Wer Melodien erfindet, den vergleiche ich mit einem Rassepferd, einen bloßen Kontrapunktisten mit einem Postgaul.
Mozart

KLASSIK

Vorbetrachtungen

Nach dem Tode Händels und Bachs war die Blütezeit des Kontrapunktes und der Polyphonie praktisch vorüber. Es folgte die Kulturepoche der Klassik, die durch Ausgewogenheit und Harmonie ihrer künstlerischen Leistungen zeitlose Vollkommenheit erreichte. In der Musik bedeutet das für die Zeit von 1740 bis 1830 die Bevorzugung einfacher und klarer Formen. Mit Haydn, Mozart und Beethoven werden nicht nur den Sinfonien neue Ausdrucksbereiche erschlossen, die ersten Streichquartete von bleibendem Wert komponiert, sondern auch Sonaten, Instrumentalkonzerte sowie die Komische Oper zur höchsten Vollendung gebracht.

Da sich gerade in dieser Zeit, in der so viele unsterbliche Werke geschaffen wurden, die Musikkritik erheblich verschärfte, sei darauf näher eingegangen. Kritik wurde wohl schon immer von den Zuhörern geübt. Die frühen Spottgedichte und Rezensionen muten allerdings recht harmlos an, wenn man sie mit manchen Hetzkampagnen gegen Werke großer Meister aus der Zeit der Klassik vergleicht. Waren es zuerst Musikwissenschaftler, so beteiligten sich bald auch Zeitungsschreiber an der Hatz. Sogar geniale Komponisten befehdeten sich öffentlich, und zwar nicht nur aus Mißgunst, sondern auch um ihre mageren Einkünfte durch Honorare aufzubessern, so Weber, Tschaikowsky, Schumann, Wagner, Wolf, Berlioz und Debussy. Dichter und Schriftsteller wie Hebbel, Heine, Goethe, Grillparzer, Keller, Th. Mann, Nietzsche, Tucholsky und Twain setzten sich in scharfer Weise mit Komponisten, Kompositionen und Künstlern auseinander. Einer der ersten professionellen Musikkritiker war Eduard Hanslick (1825–1904), der dem neuen Berufsstand zu großer Macht verhalf.[8] Er regierte diktatorisch in Wien und hatte einen heute unglaublich erscheinenden Einfluß auf die damalige Musikwelt. Wie vorurteilsfrei oder richtig die Meinungen der Kritiker waren, mag der Leser anhand einiger in den folgenden Abschnitten gegebenen Beispiele selbst entscheiden. Nicht jeder Komponist war so erhaben über die mit spitzer Feder geschriebenen Rezensionen wie Beethoven: „Und nun rezensiert, solange Ihr wollt, ich wünsche Euch viel Vergnügen. Wenn's einem auch ein wenig wie ein Mückenstich packt, dann macht's einen ganz hübschen Spaß." Über Leipziger Kritiker schrieb er an einen Freund: „... sie werden gewiß niemand durch ihr Geschwätz unsterblich machen, so wenig sie auch niemandem die Unsterblichkeit nehmen werden ..." Wenige Kritiker halfen mit konstruktiven Rezensionen fördernd dem Komponisten, die meisten wollten lediglich in boshafter Weise mit ihren Bonmots glänzen. Einige mehr als intellektuelle Purzelbäume zu wertende Kritiken werden gelegentlich erwähnt. Was in der Klassik begann, hat sich bis heute nicht geändert: Anstatt musikalische Schöpfungen dem Publikum näherzubringen, erwecken viele Kritiker den Eindruck, als ob sie sich nur an ihre Fachkollegen wenden oder unsterbliche Kritikschöpfungen verfassen wollen. Indem sie 'geistreichelnd' ein Werk zerstückeln, werden sie unempfindlich für die Größe und Schönheit einer Komposition.

In Diktaturen dagegen, die Musik für politische Zwecke auszunutzen und zu lenken versuchen, gibt es nur dummdreiste Euphorie oder törichte und geistlose Kritik, deren Lächerlichkeit aus den erwähnten Beispielen zu ersehen ist.

Johann Wenzel Anton Stamitz (1717–1757), Violinvirtuose, Komponist und Orchestererzieher, wird als geistiger Vater Haydns angesehen (38). Unter seiner Leitung wurde das schon aus 50 Mitwirkenden bestehende Mannheimer Orchester zum berühmtesten seiner Zeit. Sein größtes Verdienst ist die Einführung des neuen, bewegten und nuancierten Orchesterstils der Mannheimer Schule. Er schuf 40 Sinfonien, darunter die Sinfonie d'Allemagne, mehrere Violinkonzerte und Kammermusikstücke in einem neuen kraftvollen und dynamischen Stil. Seine Söhne scheinen weniger genial gewesen zu sein, denn Mozart nannte sie „elende Notenschmierer und Spieler, Säufer und Hurer."

Es ist *Joseph Haydn* (1732–1809), dem ältesten des klassischen Dreigestirns, das er zusammen mit Mozart und Beethoven bildet, zu verdanken, daß er dem damaligen italienischen Einfluß oberflächlicher Musikauffassung nicht folgte und die Musik vor Seichtigkeit bewahrte. Haydns Musik ist stets liebenswürdig, von edler und heiterer Schönheit. Mozart meinte: „Keiner kann alles: schäkern und erschüttern, Lachen erregen und tiefe Rührung, und alles gleich gut als Haydn." Er schrieb über sich selbst: „Da Gott mich mit einem fröhlichen Naturell ausgestattet hat, wird mein Schöpfer mir wohl verzeihen, wenn ich ihm fröhlich diene."

Er erwies sich als der große Meister des Streichquartetts und der Sinfonie, die durch ihn die klassische Form und große Fülle des Ausdrucks erhielten. Auch auf dem Gebiet der Kammermusik, Klaviersonaten, Messen, Kantaten und Oratorien[x] leistete er Einmaliges. Seine herrlichsten Streichquartette, vollkommensten Sinfonien und schönsten Chorwerke komponierte er im reifen Alter von 65–70 Jahren, einschließlich des Oratoriums Die Schöpfung, eines Klanggemäldes, dessen facettenreiches Leuchten einem feinstgeschliffenen Diamanten gleicht und als musikalisches Gegenstück zu Michelangelos 'Die Erschaffung der Welt' angesehen werden kann.

Obgleich Haydn zu den größten Komponisten gehört, gerät er immer mehr in Vergessenheit. Von seinen vielen Sinfonien und Streichquartetten hören wir nur sehr wenige. In seiner österreichischen Heimat gibt es sogar ganze Konzertsaisons der Wiener Philharmoniker, in denen kein Werk Haydns auf dem Programm steht. In England dagegen hat man ihn nie vergessen. Dort wird auch gelegentlich eine seiner Opern aufgeführt. In der Bundesrepublik wurde das 250. Geburtsjahr Haydns (1982) nahezu völlig ignoriert.

Haydn, der neue Formen der Sinfonien, Sonaten, Quartette, Trios, Instrumentalkonzerte und Oratorien schuf und nach H. Weigel „als erster Musik in deutscher Sprache schrieb", hat es wahrlich verdient, auch bei uns mehr gepflegt zu werden.

Postalisches: In Deutschland ist zu seiner individuellen Würdigung keine Gedenkmarke erschienen. Zusammen mit anderen Komponisten wird er lediglich in dem Block zur Einweihung der Bonner Beethovenhalle (63) (24 Pfg.-Wert) gezeigt und zwar nur deshalb, weil die Ziffer 9 in seinem Sterbejahr auftritt (s. S. 37). Die ČSSR (39) und Ungarn (40) haben seiner durch Sonderausgaben gedacht. Dabei wird er von Ungarn reichlich verspätet am 20.9. 1959 zum 150. Todestag geehrt (er starb bereits am 31.5. 1809). Die etwas unpassende Vereinigung der Haydn- und Schiller-Monogramme, wie schon im Eingangskapitel erwähnt, zeigt der Block (41).

x Mehrsätzige geistliche oder weltliche Kompositionen für Orchester, Chor und Solostimmen.

38

39

41

40

42

43

44

45

Die volkstümlichen Singspiele, wie Doktor und Apotheker, von Haydns Zeitgenossen *Carl Ditters von Dittersdorf* (1739–1799) gehören zu den wichtigsten Vorläufern der deutschen komischen Oper (42). Er komponierte Sinfonien, Opern und Singspiele, die zwar musikalisch beachtenswert, aber wegen der naiven, oft albernen Texte vollkommen in Vergessenheit gerieten. In letzter Zeit hört man hin und wieder seine erfrischende und reizende C-dur-Sinfonie und sein Kontrabaß-Konzert.

André-Erneste-Modeste Grétry (1741–1813), belgischer Komponist (43), verbesserte – angeregt durch die Opera buffa – wesentlich Aufbau und Ausgestaltung der Opéra comique. Dem Rat Voltaires folgend, übersiedelte er mit 26 Jahren nach Paris und errang dort große Erfolge. Zu seinen wichtigsten Opern gehören Richard Löwenherz und Blaubart. Er komponierte außerdem Chorwerke, Sinfonien, Kammermusikstücke und große Ballette sowie einige französische Revolutions- und Freiheitsopern. Zu den letzteren bemerkte er, daß es den Anschein hätte, man könne seit der Einnahme der Bastille nur noch Musik mit Kanonenschlägen komponieren. Dabei kannte er noch nicht einmal Beethovens Wellingtons Sieg oder Tschaikowskys 1812-Ouvertüre (s. Seite 85).

Domenico Cimarosa (1749–1801) hatte mit seinen Opern, von denen noch heute Die heimliche Ehe, eine komische Oper, gern aufgeführt wird, bereits zu Lebzeiten großen Erfolg (44). Er komponierte außerdem Klaviersonaten, Kantaten, Messen und Oratorien in klarem und durchsichtigem Musikstil, der aber R. Schumann offensichtlich nicht gefiel: „Lassen Sie mich in Ruhe mit der Kanarienvogelmusik und den Haarbeutel-Melodien."

Karl Friedrich Zelter (1758–1832), Berliner Komponist und gelernter Maurer, war ein Meister des schlichten Liedes; er ist nach einem Gemälde von K. Begas auf (45) gezeigt. In den meisten seiner Chormusiken, Kantaten, Balladen und Liedern untermalte er Dichtungen von Goethe und Schiller. Er war Leiter der Singakademie, Gründer der Liedertafel und des Instituts für Kirchenmusik, Lehrer von Mendelssohn-Bartholdy, Nicolai und Meyerbeer sowie einer der sehr wenigen Duzfreunde Goethes.

Daß das universellste Tongenie aller Zeiten, *Wolfgang Amadeus Mozart* (1756–1791), auch heute noch nicht vergessen ist, sondern sich größter Beliebtheit erfreut, geht nicht zuletzt aus den mehr als 50 Sonderbriefmarken aus vielen Ländern der Welt hervor, von denen einige Beispiele ausgewählt wurden, (46) bis (58). Obwohl er seine schöpferische Kraft zum großen Teil der Oper widmete, beansprucht er auch auf allen anderen kompositorischen Gebieten einen gewichtigen Platz. Es ist erstaunlich, welche Fülle melodienreicher Werke von klassischer Anmut und Formschönheit er während seines kurzen Lebens von knapp 36 Jahren mit seinen über 600 Werken der Welt schenkte. Die nie versiegende Quelle seiner melodischen Einfälle wurden mit unfehlbarem Geschmack und einmaliger Kompositionskunst zu unsterblichen Werken geformt. Dabei gibt es bei keiner seiner Schöpfungen ermüdende Längen, alles ist so gestrafft und ausgeglichen, daß es den Hörer nie erdrückt oder verwirrt, ganz im Gegensatz zum langatmigen Mystizismus Wagners.

Mit 6 Jahren komponierte Mozart bereits Sonaten und Menuette und in seinem 8. Lebensjahr eine Sinfonie und mehrere Klavierstücke. Er erscheint auf Sondermarken häufig als Kind, wie die Beispiele (46), (47), (49), (56) und der 2,50 Fr-Wert von (58) zeigen. Leider gab es damals noch keine Tonbänder und Schallplatten, sonst könnten auch wir uns, wie seinerzeit die Zuhörer, an den zahlreichen nicht in Noten gesetzten Improvisationen an

46

47

48

50

49

53

51

52

Klavier und Orgel erfreuen. Als der 8-jährige Knabe in England Orgel spielte, meinte man, er besäße an diesem Instrument noch größere Virtuosität als am Klavier.

Selbst äußerst widrige Umstände schienen dem kompositorischen Genius Mozart nichts anzuhaben. Als 15-jähriger komponierte er das höfische Festspiel Ascanio in Alba und schrieb: „Ober uns ist ein Violinist, unter unser auch einer, neben unser ein Singmeister, der Lektion gibt, in dem letzten Zimmer gegen unser ist ein Hautboist (Oboenspieler). Das ist lustig zum Komponieren!“ Später, als er den Tod seiner Tochter Theresia beklagte und der Hauswirt ihn und seine Familie wegen Mietschulden aus der Wohnung werfen wollte, so daß er seinen Verehrer und Gönner M. Puchberg inständig um Geld anbetteln mußte, schuf er innerhalb weniger Wochen seine letzte sinfonische Trilogie und begann die komische Oper Cosi fan tutte. Die Sinfonien gehören zum Herrlichsten, das je in Töne gesetzt wurde und lassen nirgends auf seine Trauer und verzweifelte finanzielle Lage schließen. Ob er sie jemals dirigierte oder hörte, ist nicht bekannt.

Ein ergreifendes Bekenntnis zu Mozart gab der Chefdirigent der New Yorker Philharmoniker, Dimitri Mitropoulus (1896–1960), als er den Wiener Philharmonikern sagte: „Ehe wir die Titus-Ouvertüre spielen, nehmen Sie ein Bekenntnis. Sie wissen, daß viele Menschen die Existenz Gottes bezweifeln. Sehen Sie: Daß solche Musik geschrieben wurde, daß ein Mozart gelebt hat, ist für mich der klarste Gottesbeweis!“

Selbst G.B. Shaw, der gern mit ätzender Kritik die Werke großer Komponisten abfällig beurteilte (siehe z.B. seine Kritik an Dvořák, Brahms und Rossini), streckte vor dem Zauber Mozarts die Waffen: „Ich kann Mozart nicht gerecht beurteilen. Ich brauche nur irgendwie lebhaft an seine schönsten Werke erinnert zu werden, schon kommt mir jeder andere wie ein sentimentaler, hysterischer Pfuscher vor.“

Wie aus seinen Briefen hervorgeht, trat Mozart dem Tod besonnen entgegen und bezeichnete ihn als wahren, besten Freund des Menschen. Er arbeitete am Requiem bis zu seinem Ende: „... weil mich das Komponieren weniger ermüdet als die Ruhe“. Monaco zeigt ihn mit dem 3,50 Fr-Wert auf dem Totenbett dirigierend (58). Er starb vermutlich an einer chronischen Nierenkrankheit und wurde auf dem Armenfriedhof Wiens beigesetzt. Seine Grabstätte ist nicht bekannt.

Diese unglaubliche Mißachtung Mozarts wird für immer ein ‘Schandfleck’ Österreichs und der Stadt Wien bleiben. Die oberflächlichen, bequemen und leichtfertigen Menschen dieser schönen Stadt huldigten nur der Mittelmäßigkeit. In musikalischem Unverstand bevorzugten intrigante, kleingeistige Würdenträger der Kirche und des Landes zweitklassige Komponisten wie Salieri, Righini und Kotzeluch; sie waren unfähig, das Genie eines Mozart zu begreifen. Mozart, wie auch später Schubert und Lortzing (s. dort), wurden von dieser Stadt totgeschwiegen und bereits zu Lebzeiten begraben.

Postalisches: Es wird angenommen, daß Mozart aussah, wie ihn die Darstellungen der Marken (48) und (54) nach einem unvollständigen Gemälde seines Schwagers Joseph Lang und (57) nach einem Gemälde von Nepomuk della Croce zeigen. Dagegen dürften ihm die Abbildungen (46) nach einem Gemälde von Saverio dalla Rosa, (52), (53), (56) und der 2 Fr.-Wert von (58) kaum gerecht werden. Die Marken (47) und (56), nach einem Ölbild von Pietro A. Lorenzoni, zeigen den 7-jährigen Mozart im Galakleid zum Empfang bei Karl von Lothringen. Die Darstellung des 2,50 Fr.-Wertes von (58) zeigt den 8-jährigen mit Vater Leopold und Schwester Nannerl nach einem Kupferstich von Jean Baptist Delafosse.

W. A. MOZART
2,40 S
REPUBLIK ÖSTERREICH

54

ПОЧТА СССР 1956г
40 К
В. МОЦАРТ
ВЕЛИКИЙ АВСТРИЙСКИЙ КОМПОЗИТОР
1756 1791

55

CONGO BELGE
BELGISCH CONGO
4,50
1,50
MOZART
1756-1956

56

Mozart's Family by Johann Croce
10 RIYALS
RAS AL KHAIMA
RAS AL KHAIMA

57

2,50
1756 MONACO 1981
W. A. MOZART
1756 MONACO 1981
2,00
W. A. MOZART
3,50
1756 MONACO 1981
W. A. MOZART

58

Er wurde von der österreichischen Postverwaltung mit der Marke (54) schon am 21. 1. 1956 und nicht erst am 27. 1. zum 200. Geburtstag geehrt. Darstellungen aus seinen Opern, siehe Kapitel Szenenbilder aus Oper und Operette.

Die von *Ludwig van Beethoven* (1770–1827) komponierte Instrumentalmusik ist die höchste Vollendung dieser Tonform in der Klassik. Die Ausdrucksgewalt seiner Musik vom heiligen Ernst bis zum leidenschaftlichen Daseinsjubel ergreifen die Menschen in der heutigen Zeit genauso tief wie zu seinen Lebzeiten. Das steht etwas im Gegensatz zu Haydn, der trotz seiner genialen Schöpfungen schon ein wenig in historische Beleuchtung gerückt ist. Beethovens Sinfonien stellen das Kraftvollste und Gewaltigste dar, was bisher ein Mensch in Tönen ausdrückte und haben Maßstäbe gesetzt für alle Komponisten. Über seine bleibende Größe braucht man nicht zu schreiben: Man kann sie immer hören.

Beethovens späte Streichquartette führen bereits von der Klassik Haydns und Mozarts weg zum romantischen Stil Schuberts und Mendelssohn-Bartholdys. Auch er wurde von übelwollender Kritik nicht verschont. Das Musikalische Konversationslexikon von 1835 berichtet über die damals unter den Kritikern vorherrschende Meinung: „Beethoven habe die 9. Sinfonie in der menschenfeindlichen Stimmung seiner letzten Lebensjahre, wo ihn die Taubheit noch mehr aller gefälligen Musik entfremdete, in einem Anfall von Ärger und Wut nur geschrieben, um die Musiker durch die größten Schwierigkeiten zu vexieren ... Es sei dieses Werk die grellste, schneidendste Satire auf Schillers herrliche Ode, und atme durch und durch üblen Humor und Menschenhaß.“ Liszt dagegen meinte während einer Probe zu den schlechtspielenden Musikern: „Vergessen Sie nicht, daß Sie Beethoven spielen! Und Beethoven kommt gleich nach Gott.“ Seine Zeitgenossen berichteten, daß dieser Gottähnliche ziemlich unsauber, mürrisch, unordentlich, ungeschliffen und geizig war und zu ungerechtfertigten Wutausbrüchen neigte.

Während Beethoven zu Lebzeiten bereits große Anerkennung fand, verbannten nach seinem Tode engstirnige und neidische Kritiker seine Werke (wie auch die von Bach, Schubert und Weber) aus den Konzertprogrammen. Erst Schumann, noch unbekannt als Komponist, wandte sich mit großer Schärfe erfolgreich gegen diese 'Philister'. Er verzichtete auf kleinliche Polemik und versuchte stattdessen, dem Publikum die positiven Aspekte der Kompositionen großer Meister näher zu bringen. Über Beethoven schrieb er: „Die Wut über den verlorenen Groschen. Rondo von Beethoven: Etwas Lustigeres gibt es schwerlich als diese Schnurre. Hab' ich doch in einem Zug lachen müssen, als ich's neulich zum ersten Male spielte ... Oh, es ist die liebenswürdigste, ohnmächtigste Wut, jener ähnlich, wenn man einen Stiefel nicht von den Sohlen herunterbringen kann und nun schwitzt und stampft, während der ganz phlegmatisch zu dem Inhaber oben hinaufsieht. – Aber hab' ich euch endlich einmal, Beethovener! Wenn ihr außer euch seid und die Augen verdreht und ganz überschwänglich sagt: Beethoven wolle stets nur das Überschwängliche, von Sternen zu Sternen flieg' er, los des Irdischen. ‚Heute bin ich einmal recht aufgeknöpft‘, hieß sein Lieblingsausdruck, wenn es lustig um ihn herging. Und dann lachte er wie ein Löwe und schlug um sich, – denn er zeigte sich unbändig überall.“

Als Beethoven seine einzige Oper Fidelio 1805 in Wien uraufführte, verstand sie das Publikum als Protest gegen Napoleon. Fidelio ist mehr als eine Oper, sie ist höchster musikalischer Ausdruck persönlicher und politischer Freiheit, die heute im Zeitalter des Egoismus und des Antiheroismus utopisch anmutet.

Daß Diktaturen versuchen, große Persönlichkeiten für ihre politischen Zwecke auszunutzen, ist bekannt. Beethoven mußte sich posthum sogar gefallen lassen, von rechten wie

26. MÄRZ 1952
125. TODESTAG
LUDWIG
VAN BEETHOVEN
30
DEUTSCHE POST

59

28 ст
БЕТХОВЕН 1770–1970
ПОЩА
БЪЛГАРИЯ

60

1770
Ludwig
van
Beethoven
DDR
20

61

1770 MONACO 1970
1,30
LUDWIG VAN BEETHOVEN

62

EINWEIHUNG DER BEETHOVEN-HALLE ZU BONN
8. SEPTEMBER 1959
Ludwig van Beethoven
20
DEUTSCHE BUNDESPOST
G. F. Händel
+ 14.IV. 1759
10
DEUTSCHE BUNDESPOST
Louis Spohr
+ 22·X· 1859
15
DEUTSCHE BUNDESPOST
Joseph Haydn
+ 31·V· 1809
25
DEUTSCHE BUNDESPOST
Felix Mendelssohn Bartholdy
* 3·II· 1809
40
DEUTSCHE BUNDESPOST

63

linken als einer der ihren 'geehrt' zu werden: Während der Musikhistoriker A. Schering 1936 schrieb: „Beethoven hat in der Eroica die Heldengestalt Adolf Hitlers vorausgeahnt", nahm ein DDR-Pressebericht ihn 1958 für den Sozialismus in Anspruch: „Das, wofür Beethoven kämpfte und was er für die Zukunft vorausahnte, ist durch die große Oktoberrevolution [und] durch die Sowjetmacht Wirklichkeit geworden."
Weder einfältige Kritik noch die Vereinnahmung durch extreme politische Weltanschauungen hat Beethovens Größe Abbruch getan. Nach H. v. Dettelbach gehört er „zu den ganz wenigen Exemplaren der Menschheitsgeschichte, durch welche der Mensch selbst gerechtfertigt erscheint."

Wenig bekannt ist, daß Beethovens letzte Komposition ein Kanon war mit dem Text Lichtenbergs: Wir irren allesamt, nur jeder irret anders.

Postalisches: Es ist nicht verwunderlich, daß Beethoven mit mehr als 80 Sonderausgaben der am meisten auf Briefmarken geehrte Komponist ist. Die Marken (59) bis (77) sind Beispiele hierfür. Bei der Auswahl der Komponisten für den Gedenkblock (63) zur Einweihung der Bonner Beethovenhalle 1959 hätte der Kunstbeirat der bundesdeutschen Postverwaltung die Gelegenheit gehabt, erstmalig die Bildnisse bisher nicht geehrter großer Komponisten wie Brahms, Gluck oder Wagner herauszubringen. Dafür nahm man den als Komponisten unbedeutenden L. Spohr (s. S. 41) in den Block auf, der in seiner Selbstbiographie tatsächlich geschrieben hat: „Beethoven mangelt es an ästhetischer Erziehung und an Sinn für das Schöne." Spohr wurde nur deshalb gewählt, da er (wie Händel) genau 100 Jahre vor der Blockausgabe gestorben war. Weil Haydn und Mendelssohn 150 Jahre zuvor gestorben bzw. geboren worden waren, nahm man auch sie auf. Während das jeweilige Geburts- bzw. Sterbejahr auf den vier Marken vermerkt wurden, fehlt auf der des zu ehrenden Beethoven jegliches Datum, weil keine seiner Gedenkdaten mit einer 9 enden! Obgleich Beethovens Gesichtsmaske, die zu Lebzeiten abgenommen wurde (59), erhalten blieb, also sein Antlitz im Gegensatz zu dem Mozarts bekannt war, haben nicht nur die zeitgenössischen Künstler, sondern auch die Entwerfer der Gedenkmarken ihrer Phantasie freien Lauf gelassen: Einen bösartig dreinschauenden Alt-Hippy zeigt (75) und einen pausbäckigen Titanen (76). Der Gesichtsausdruck auf (64) drückt die Wut über den verlorenen Groschen besonders gut aus.

Schade, daß Beethoven die Grenada-Serie nicht mehr sehen kann, er hätte uns sonst in verständlichem Zorn mit einem Klavierstück 'Die Wut über die verhunzte Würdigung' beglückt, denn die Darstellungen sind nicht nur unschön, sondern haben mit ihm und seinem Schaffen – abgesehen von zwei Marken mit verunglückten Porträts – überhaupt nichts zu tun. Zwei Marken aus dieser Serie sind mit (73) und (74) gezeigt. Der Markenblock (77) zeigt Beethoven nach einem Stich von B. Höfel, wobei allerdings sein gewelltes Haar durch eine nach oben strebende Sturmfrisur ersetzt wurde. Schubert, nach einem Gemälde von J. Schmid, sieht Beethoven beglückt an, weil er ihn wenigstens hier – im Leben aber nie – getroffen hat.

Über die Qualität der übrigen gezeigten Markenbildnisse mag der Leser selbst urteilen.

Die Darstellungen auf den Marken (60), (65) und (66) wurden von Joseph K. Stieler nach einem Gemälde des 50-jährigen Komponisten entworfen. Die

64

65

66

68

67

69

70

71

72

73

77

74

76

75

Marke (68) und der 20 Pfg.-Wert im Block (63) sind vermutlich geänderte oder idealisierte Entwürfe nach einer Zeichnung des 48-jährigen Komponisten von August von Klöber. Nach einem zeitgenössischen Gemälde ist der 30-jährige Komponist auf (71) und der 54-jährige auf (72) nach einer Zeichnung von Stefan Dekker gezeigt.
Beethoven, am 16. 12. 1770 geboren, wird von Rumänien (64) am 2. 11. 1970 und von Ungarn (67) sogar schon am 27. 6. 1970 zum 200.'Geburtstag' gratuliert. Ein genaues Ausgabedatum ist mit (69) gelungen, das den Komponisten nach einem Gemälde seines Zeitgenossen Ferdinand G. Waldmüller zeigt.
Während viele Sondermarken das würdige Antlitz Beethovens entstellen, bilden die Marken (59) und (62) wohltuende Ausnahmen. Eine Szene aus seiner Oper Fidelio, s. Kapitel Szenenbilder aus Oper und Operette.

Mit Hilfe der göttlichen Tonkunst läßt sich mehr ausdrücken und ausrichten als mit Worten.
Carl Maria v. Weber

ROMANTIK

Vorbetrachtung

Das Zeitalter der Klassik wurde Ende des 18. Jh.s durch die geistes- und kunstgeschichtliche Epoche der Romantik abgelöst. Im Gegensatz zur formgebundenen Klassik ist die Romantik gekennzeichnet durch die Bevorzugung und Betonung des Gemütvollen, Märchenhaften, Phantastischen und Übersinnlichen. In der Musik bedeutete sie eine Bereicherung der harmonischen und klanglichen Mittel, die malerische, farbenreiche und gefühlsbetonte Wirkung erzielen.

Im allgemeinen teilt man die Komponisten der romantischen Musik auf in Frühromantiker wie Hoffmann, Weber, Schubert, Mendelssohn, Schumann und Chopin sowie in Spätromantiker wie Berlioz, Liszt, Saint-Saëns, Bruckner, Strauss, Mahler und Pfitzner.

Eine der schönsten Früchte der Romantik ist die Geburt des Liedes. Komponierte man vorher 'Gesänge', so schuf erstmals Schubert 'Kunstlieder'. Bedeutende romantische Werke für Klavier schrieben Chopin, Liszt und Brahms und für Violine Paganini, Vieuxtemps und Wieniawski.

Die Verknüpfung der Musik mit dichterischen Gedankeninhalten, typisch für die Romantik, führte zu einer neuen Blüte der Programm-Musik, die Berlioz in Frankreich begann und Liszt in Deutschland fortsetzte. Mit dieser Kompositionsart werden, im Gegensatz zur absoluten Musik, bestimmte Gedankenverbindungen zu dichterischen Werken oder äußeren Ereignissen durch Tonmalerei beschrieben. Ein bekanntes Werk dieser Art ist Beethovens Pastoral-Symphonie, die offensichtlich durch äußere Eindrücke angeregt wurde. Beispiele finden sich außer bei Berlioz und Liszt auch bei Smetana, Strauss und Debussy. Die von Liszt erstmalig komponierten Tongedichte gehören als sinfonische Dichtungen ebenfalls hierher.

Wesentlich ausgeprägter als jemals zuvor entstand eine klar unterscheidbare nationale Musik. Das kommt besonders in den Kompositionen von Brahms, Chopin, Grieg, Dvořák, Smetana und Tschaikowsky zum Ausdruck. Auch wurden Nationalopern geschrieben. Während die wagnerischen Musikdramen die deutschen Opern von Flotow, Weber und Lortzing bereicherten, behielten die des übrigen Europas den traditionellen Stil bei (Rossini, Verdi, Bizet, Massenet, Glinka).

Komponisten

E.T.A. Hoffmann (1776–1822), Dichter, Zeichner, Karikaturist, Musikkritiker, Jurist und Komponist, war ein Frühmeister des musikalischen Stils der Romantik. Angeregt durch das Märchen der Meerjungfrau schrieb er die Oper Undine, in der wie bei seinem Zeitgenossen Weber erstmalig Leitmotive zu erkennen sind. Das Undine-Thema wurde später auch von Lortzing (Undine), Dargomyshski (Russalka) und Dvořák (Rusalka) in ihre Märchenopern übernommen. Außer einer weiteren Oper, Aurora, hat Hoffmann zahlreiche Werke hauptsächlich für Instrumentalbesetzung komponiert, um deren Wiederentdeckung man im deutschen Konzertwesen bemüht ist. Nach einer Bleistiftzeichnung von W. Hensel wurde die Marke (78) zum 150. Todestag Hoffmanns entworfen.

David François Esprit Auber (1782–1871) ist der Hauptvertreter der französischen Opéra comique, schrieb 45 Bühnenwerke und erlangte Weltruhm durch Opern wie Fra Diavolo und Die Stumme von Portici (79). In der letzteren Oper, mit ihrer melodienreichen und effektvollen Instrumentierung, singt und spricht die Titelheldin kein Wort. Um die dramatischen Effekte zu erhöhen, setzte Auber erstmals Märsche in dieser Oper ein. In Brüssel löste die Premiere die Revolution von 1830 aus. Aufgestachelt vom revolutionären Text strömte das Publikum auf die Straßen, riß in seiner Begeisterung die Menge mit sich und gab damit das Signal zur Loslösung Belgiens von den Vereinigten Niederlanden.

Louis Spohr (1784–1859) setzte sich erfolgreich für die Intensivierung des Kasseler Musiklebens ein und schrieb eine anerkannte Violinschule (63). Als Geigenvirtuose fanden besonders seine gefühlvollen Adagios Beachtung, als Komponist jedoch war er unbedeutend und für die weitere Musikentwicklung nicht wichtig. Seine oberflächliche Musik tat Shaw als ‘Süßholzgeraspel’ ab.

Spohrs Beurteilung der Werke älterer Meister war nicht selten anmaßend, so etwa: „Ich weiß nur einen Komponisten, der mir noch unangenehmer ist als Bach: Das ist Händel!“ Auch meinte er, daß er den letzten Werken Beethovens nie Geschmack hätte abgewinnen können (s. S. 37).

Carl Maria von Weber (1786–1826) wurde von Strawinsky als ein ‘Fürst der Musik’ bezeichnet (80). Dabei spielte dieser sicherlich nicht auf Webers zweifelhaftes Adelsprädikat an: Sein geltungsbedürftiger Vater Franz Anton hatte sich selbst geadelt und trat sogar als Freiherr auf.

Bereits mit 11 Jahren war Weber Schüler Johann Michael Haydns, des jüngeren Bruders von Joseph Haydn. Als gefeierter Klaviervirtuose schrieb Weber den größten Teil seiner Kompositionen, um sie selbst aufzuführen. Sein bekanntestes und populärstes Klavierwerk, Die Aufforderung zum Tanz, diente Gounod, Tschaikowsky, Lanner, J. Strauß und R. Strauss

80

78

79

81

84

82

83

85

86

als Vorbild für ihre Konzertwalzer. Sie übernahmen nicht nur das schnelle Walzertempo, sondern auch die langsame Introduktion, die Weber einführte.

Seine erste Oper, der Freischütz, dessen Inhalt Weber selbst als „trefflich, schauerlich und interessant“ bezeichnete, ist die deutsche romantische Oper schlechthin. Sie wurde auch als Robin des bois an der Opéra comique ein großer Erfolg. Für die Aufführung in der Grande Opéra mußten aber der gesprochene Dialog durch Rezitative ersetzt und ein Ballett eingefügt werden.

Die sinfonische Form der Orchestermusik ist das Rückgrat von Webers Opern. Obgleich nicht so konsequent wie bei Wagner, sind bereits Leitmotive zu erkennen, wie die mehrmaligen Wiederholungen der elf Themen im Freischütz. Seine Oper Oberon komponierte er im Auftrag des englischen königlichen Opernhauses Covent Garden und dirigierte sie als Totkranker in seinem letzten Lebensjahr dort, siehe Kapitel Dirigenten, Marke (194). Er starb in London, seine Gebeine wurden auf Betreiben Wagners 1844 nach Dresden überführt.

Den Komponisten *Franz X. Gruber* (1787–1863) und den Textdichter, Hilfsprediger Joseph Mohr, des beliebten Weihnachtsliedes Stille Nacht, Heilige Nacht, das in vielen Sprachen der Welt gesungen wird, zeigt (81). Als am Heiligabend 1813 in Oberndorf, Österreich, die Orgel der St. Nikolauskirche zusammenbrach, komponierte der Hilfsorganist Gruber über Nacht diese Melodie, um die Andacht mit Gitarrenbegleitung zu retten. Erst 41 Jahre später wurde das Lied gedruckt und verbreitet. Zur 150. Wiederkehr wurde die Sondermarke (82) ausgegeben.

Gioacchino Rossini (1792–1868) gilt als der italienische Meister der komischen Oper (83). Von seinen fast 40 Opern sind heute nur noch Der Barbier von Sevilla, Die Italienierin in Algier und Wilhelm Tell bekannt. Gelegentlich gespielt wird auch Der Türke in Italien – mit der Arie'Um nur einen Mann zu lieben, ist ein Weib wie ich viel zu schade', die der Inszenierung viel Raum für drastische Späße bietet.

Rossini, der sich brüstete: „Man gebe mir eine Wäscheliste und ich werde sie vertonen“, hatte schon in jungen Jahren große Erfolge und versetzte das Publikum oft in rasende Begeisterung. Er wurde zwar 76 Jahre alt, beendete aber seine schöpferische Tätigkeit schon als 38-jähriger. Er setzte sich als schwerreicher Mann zur Ruhe, um vor allem seiner bekannten Vorliebe für gute Küche huldigen zu können, und komponierte nur noch einen kulinarischen Dreiklang: Rinderfilet, Gänseleber und Trüffeln, Tournedos Rossini genannt. Er hinterließ ein Vermögen von 3,5 Millionen DM.

G.B. Shaw fand seine Musik unerträglich: „Ich kann nicht sagen: Seine Seele ruht in Frieden, denn er hatte keine; aber zumindest sei mir der innige Wunsch gestattet, wir mögen niemals wieder seinesgleichen sehen.“

Franz Adolf Berwald (1796–1868), namhafter schwedischer Komponist, schrieb Instrumental-, Orchester-, Kammer- und Vokalmusik sowie einige Bühnenwerke und war auch Geigenvirtuose (84). Für die Entwicklung eigenständiger schwedischer Tonkunst hat er bedeutsame Beiträge geleistet, besonders auf dem Gebiet der sinfonischen Musik.

Franz Schuberts (1797–1828) Sinfonien gehören zu den schönsten Tondichtungen, die je geschaffen wurden. Seine Instrumentalmusik zeichnet sich durch einen unerschöpflichen Reichtum herrlicher Melodien aus, die in ihrer warmen Empfindung typisch für ihn sind. Darüber hinaus schuf er das 'Kunstlied', das erstmals die menschliche Stimme und die Töne des begleitenden Instruments gleichberechtigt erscheinen läßt und außerdem eine harmonische Verschmelzung von Wort und Klang aufweist. Als 18-jähriger hatte er schon mehr als 150 Lieder komponiert, zu deren schönsten das Heidenröslein und der Erlkönig gehören. Als er den vertonten Erlkönig Goethe zusandte, würdigte ihn dieser keiner Antwort.

Wie völlig falsch die zeitgenössische Kritik Schuberts Beitrag zur Entwicklung des Liedes einschätzte, bewies 1826 die Leipziger Allgemeine Musikzeitung mit dem Kommentar: „Herr Schubert hat unter der beträchtlichen Anzahl seiner Gesänge mehrere sehr gute und einige treffliche Stücke geliefert. Für das eigentliche Lied scheint er jedoch weniger geeignet zu sein.“

Mit 13 Jahren schrieb Schubert bereits die Fantasie in G-dur für Klavier, vom 16. bis 18. Lebensjahr die ersten 3 Sinfonien, mit 19 Jahren die vierte und fünfte (Die Tragische) und mit 21 Jahren die sechste Sinfonie. Es erscheint heute unglaublich, daß keine seiner herrlichen Sinfonien zu Schuberts Lebzeiten aufgeführt wurden. Auch seine Lieder sowie die Kammermusik waren nur dem engsten Freundeskreis bekannt. Das einzige öffentliche Konzert mit seinen Werken fand erst 8 Monate vor seinem Tode in Wien statt. Trotz stürmischen Beifalls des Publikums blieben die Kritiker ablehnend oder ignorierten die Aufführung. Schuberts Missa Solemnis wurde erst 47 Jahre nach seinem Tode bekannt und sein schönstes Werk, die achte Sinfonie, 37 Jahre nach seinem Ableben in Wien uraufgeführt. Sie ‘Die Unvollendete’ zu nennen, mag zwar formell richtig sein, aber als Kunstwerk ist sie durchaus abgeschlossen. Vielleicht wollte Schubert mit der am Schluß ausgedrückten schmerzlichen Resignation die Tondichtung beenden und kein Scherzo mehr folgen lassen, was verständlich wäre.

Als endlich die Wiener ihren zu Lebzeiten so schmählich ignorierten Schubert kennenlernen durften, waren sie glücklich und begeistert. Hanslick beobachtete: „Wenn nach den paar einleitenden Takten des Allegro Klarinette und Oboe unisono ihren süßen Gesang über dem ruhigen Gemurmel der Geigen anstimmen, da kennt auch jedes Kind den Komponisten und der halbunterdrückte Ausruf ‘Schubert!’ summt flüsternd durch den Saal.“

In seinem kurzen Leben hat Schubert mehr als 600 Lieder, 9 Sinfonien, 19 Ouvertüren, zahlreiche Sonaten und andere Klavierstücke komponiert. Wer weiß, ob nicht heute noch Schuberts Musik in den Archiven schlummern würde, hätte sich nicht Schumann für ihre Verbreitung so eifrig eingesetzt.

Bereits vom 26. Lebensjahr an verschlechterte sich der Gesundheitszustand des Syphiliskranken zusehends, weil er mit den damals völlig unzureichenden medizinischen Mitteln behandelt wurde. Zweieinhalb Jahre vor seinem Tode schrieb er: „Ich fühle mich als den unglücklichsten, elendsten Menschen auf der Welt ... Jede Nacht, wenn ich schlafen geh, hoff ich, nicht mehr zu erwachen, und jeder Morgen kündet mir nur den gestrigen Gram. So freude-freundelos verbringe ich meine Tage ...“ In dieser Zeit schrieb er ein Streichquartett Der Tod und das Mädchen, die Gasteiner- und die 9. Sinfonie, acht Impromptus und andere unsterbliche Werke. Im Alter von 31 Jahren war der in armseligen Verhältnissen lebende Schubert derartig geschwächt, daß er einen Typhusanfall nicht überlebte. Sein Tod – wie sein Leben – erregte im spießbürgerlichen Wien keinerlei Aufmerksamkeit: Keine Zeitung erwähnte sein Leichenbegräbnis.

Postalisches: Dieser geniale Komponist wurde deutscherseits bisher nur von der DDR mit der Marke (85) zum 125. Todestag geehrt, den man aber etwas vorverlegte (auf den 13. 11. 1953 statt den 19. 11. 1953). Dafür gedachte Österreich mit (86) seines 150. Geburtstages erst am 31. 3. 1947 (statt am 31. 1. 1947).

Gaetano Donizetti (1797–1848) war ein Zeitgenosse Rossinis, der ihn stark beeinflußte und den er später teilweise überflügelte. Von seinen nahezu 70 Opern werden heute nur noch wenige aufgeführt, wie: Die Regimentstochter, Don Pasquale und Lucia di Lammermoor. Seine Musik zeigt jene ungewöhnliche Frische und Leichtigkeit, wie sie den heiteren südländischen Opern eigen ist. Kurz vor seinem Tode wurde er geisteskrank. Die Marke (87) zeigt Donizetti nach einem Gemälde von Eugen Felix.

Der italienische Opernkomponist *Vincenzo Bellini* (1801–1835) schrieb, im Gegensatz zu seinen Zeitgenossen Rossini und Donizetti, meist tragische Opern und vollendete bereits mit 25 Jahren Bianca e Ferando, die mit großem Beifall aufgenommen wurde. Wenige Jahre vor seinem Tode komponierte er Die Nachtwandlerin, Norma und Die Puritaner, Opern, die ihm Weltruhm einbrachten. Er schrieb noch 8 weitere in seinem kurzen Leben von 34 Jahren; sie drücken tiefe Empfindung und Dramatik in unsterblichen Melodien aus. Wagner war von der Schönheit und Natürlichkeit seiner Musik zutiefst beeindruckt und schrieb: „Norma ... hier, wo sich selbst die Dichtung zur tragischen Höhe der alten Griechen aufschwingt, erhöht diese Form, die Bellini dabei entschieden auch veredelt, nur den feierlichen und grandiosen Charakter des Ganzen."

Postalisches: Bellini, geb. am 1. 11. 1801, wurde bereits am 28. 1. 1951 (neun Monate zu früh) von Italien auf einer Sondermarke zum 150. Geburtstag geehrt (88).

Albert Lortzing (1801–1851) ist zusammen mit Weber der Hauptvertreter der deutschen Oper des 19. Jh.s. Seine Opern, Der Wildschütz, Der Waffenschmied, Undine, zu denen er den Text meist selbst schrieb, besitzen weder die Leichtigkeit italienischer Buffokunst noch den sprühenden Esprit der französischen Opéra comique, sie haben dafür volkstümlichen Charakter und sind voll von gemütvollem Humor. Der Versuch, mit seiner Regina eine 'preußische Nationaloper' zu schaffen, schlug fehl. Dieses patriotische Werk, das völlig aus dem Rahmen seiner übrigen Opern fällt, verschwand schnell wieder von den Spielplänen. Nur in der DDR wurde es kurzzeitig als Oper mit 'klassenkämpferischem' Charakter wiederbelebt.

Die Oper Zar und Zimmermann mit Peter I. mußte im zaristischen Rußland in 'Flandrische Abenteuer' mit Kaiser Maximilian umgeschrieben werden. Wenn auch das Interesse an Lortzings Opern in Deutschland nie erlahmte, konnten sie sich doch außerhalb der deutschsprachigen Länder nicht durchsetzen. Wenig Beifall fand die Aufführung der Undine in Wien. Nach Lortzings Worten war die Presse über das „arme Wasserfräulein" geradezu hergefallen. Den berüchtigten Schriftsteller Moritz G. Saphir, der seine Musik kritisierte und sich gern bestechen ließ, nannte er einen „bezahlten oder sich honorieren lassenden Lumpenhund".

Auch er konnte sich wie Mozart und Schubert in Wien nicht durchsetzen. Außer der italienischen Oper gab hier eine unbedeutende Clique (z. B. Halfe und Wallace) den Ton an. Verbittert schrieb Lortzing: „Nur Dudelei und immer Dudelei, Trillerei! und das in einer Stadt, wo Mozart, Beethoven und Gluck gelebt und gewirkt haben."

Die Marke (89) zeigt Lortzing nach einer Lithographie von Schlick.

Die großen Kompositionen russischer Musik begannen ohne Zweifel mit *Michael I. Glinka* (1804–1857), dessen Musik maßgeblichen Einfluß auf alle späteren russischen Komponisten hatte (90). Er schrieb die erste Nationaloper (Ein Leben für den Zaren oder Ivan Sussanin), die als der Beginn der russischen Nationalmusik gilt. Auch seine zweite Oper,

87

89

88

91

94

95

90

96

92

93

Ruslan und Ludmilla, ist vom Nationalstolz durchdrungen, setzte sich aber – mit Ausnahme der brillanten Ouvertüre – außerhalb Rußlands nicht durch. Er komponierte außerdem Spanische Ouvertüren, Lieder und Kammermusik.

Hector Berlioz (1803–1869), Komponist und Musikschriftsteller, der sich als glühender Verehrer Glucks, Beethovens und Webers sowie als enger Freund Wagners und Liszts gern als 'Halbgermane' bezeichnete, wird mit seinen meist für Riesenorchester geschriebenen Werken als der Wegbereiter in die romantische Phase der französischen Musik angesehen. Er konnte selbst kein Instrument richtig spielen, war aber als Dirigent außerordentlich befähigt, besonders bei der Wiedergabe seiner eigenen Werke. Goethes Faust beeindruckte ihn so stark, daß er den Text teilweise selbst für seine Oper Fausts Verdammnis schrieb; Szenen daraus, siehe Kapitel Szenenbilder aus Oper und Operette. Seine Phantastische Sinfonie (Schumann: „Das ist sehr schön, wenn auch keine Musik.") hatte bereits programmatischen Charakter und inspirierte sicherlich Liszt und Strauss. Seine ausdrucksvolle Symphonie dramatique Romeo et Juliette ist allgemein bekannt.

Berlioz war sehr von sich eingenommen und den meisten seiner Vorgänger feindlich gesinnt. Über einen so großen und richtungsweisenden Komponisten wie Palestrina schrieb er: „... daß P. ein Genie gewesen wäre? Machen wir keinen Spaß!" Selbst Mozarts Musik lehnte er ab. Von Berlioz' Instrumentierung war Mendelssohn nicht begeistert: „Seine Instrumentation ist so entsetzlich schmutzig und durcheinander geschmiert, daß man sich die Finger waschen muß, wenn man mal eine Partitur von ihm in der Hand gehabt hat." Dagegen meinte der König des Hohen C, Luciano Pavarotti, Berlioz sei kein Wesen von dieser Welt, sondern eine Welt für sich selber. Auf der Briefmarke (91) ist Berlioz nach einem Gemälde von Gustave Courbet gezeigt.

Felix Mendelssohn-Bartholdy (1809–1847) entstammte einer wohlhabenden Bürgerfamilie und ist neben Weber und Schumann der Romantiker par excellence. Kein anderer Komponist hat die Welt des Traumhaften, des Heiter-Graziösen und der poetisch verklärten Wehmut so malerisch mit unverkennbar eigenem Stil darzustellen vermocht wie er. Bereits mit 9 Jahren trat er als Pianist auf und schuf als 11-jähriger seine ersten Kompositionen. Zusammen mit seinen Schwestern las er eifrig Shakespeare und war von dessen Werken so fasziniert, daß er als 17-jähriger die Ouvertüre zum Sommernachtstraum komponierte. Mancher Junge und manches Mädchen, die Klavierspielen lernen mußten, waren froh, wenn sie zu Muttis Kaffeekränzchen statt Das Gebet einer Jungfrau, Blumenreigen oder Klosterglocken Mendelssohns Lieder ohne Worte spielen durften, zumal er diese schönen Klavierstücke ursprünglich „für die Damen" schrieb.

Es ist sein historisches Verdienst, als 20-jähriger Dirigent die Matthäus-Passion mit der Berliner Singakademie und andere Werke von Bach zu neuem Leben erweckt zu haben. Außerdem wurde unter seiner Leitung 11 Jahre nach Schuberts Tod dessen große C-dur Sinfonie im Leipziger Gewandhaus uraufgeführt, die etwa 20 Jahre vorher die Wiener Gesellschaft der Musikfreunde als zu lang und zu schwierig zurückgewiesen hatte. Er war einer der fortschrittlichen Dirigenten, der den Taktstab anstelle der Notenrolle einführte und die Lebensbedingungen der Musiker durch Pensionen verbesserte. Das Leipziger Mendelssohn-Denkmal sollte ihn nicht nur als Komponisten, sondern auch dafür ehren, daß er als Kapellmeister das Leipziger Gewandhausorchester weit über die Grenzen dieser Stadt hinaus bekanntmachte. Als Sir Thomas Beecham (200) im November 1936 mit den Mitgliedern des Philharmonic Orchestras am Denkmal einen Kranz niederlegen wollte, suchte er vergebens: Es war über Nacht von den Nazis demontiert und weggeschafft worden. Als Goebbels meinte: „Den Mendelssohn haben wir einschmelzen lassen", soll Strauss erwidert haben: „Also doch eine Kanone!"

Postalisches: Mendelssohn wurde von der DDR in einer Gedenkausgabe (allerdings ohne sein Bildnis) geehrt, während die Bundesrepublik (92) ihn lediglich mit vier anderen Komponisten zusammen in den Gedenkblock zur Einweihung der Bonner Beethovenhalle (63) aufnahm. Einen Auszug aus seiner Notenhandschrift der Italienischen Sinfonie zeigt (93).

Das Kühne und Neue der romantischen Werke *Robert Schumanns* (1810–1856), deren Bedeutung selbst Mendelssohn nicht zu erfassen vermochte, ist erst 25 Jahre nach seinem Tode voll erkannt worden. Der 17-jährige Schumann fühlte sich als Schüler Jean Pauls zwar zum Dichter berufen, schrieb aber: „Es ist sonderbar, daß ich da, wo meine Gefühle am stärksten sprechen, aufhören muß, Dichter zu sein." Sein sehnlichster Wunsch war, Klaviervirtuose zu werden. Um dieses Ziel schneller zu erreichen, wollte er den vierten Finger stärken und band den rechten Mittelfinger beim Üben fest an seine Hand. Durch Überdehnung der Sehne verursachte er eine bleibende Lähmung und konnte 'nur' noch – zum Glück für uns – komponieren. Solche und ähnliche Versuche, den schwächeren Ringfinger gelenkiger und kräftiger zu machen, sind auch später immer wieder versucht worden. Dazu wurden sogar mechanische Spreizgeräte wie das Chiroplast benutzt, die mehr an Folterwerkzeuge als an Hilfsmittel erinnern.

Schumanns Sinfonien, Klavierwerke und Instrumentalkonzerte gehören zu den schönsten Kompositionen der Romantik. Sie erweiterten mit neuartigem gefühlvollem Ausdruck die damals bestehenden Musik- und Harmonieformen des klassischen Stils. Schumann mußte gerichtlich vorgehen, um Clara Wieck gegen den Willen ihres halsstarrigen und eifersüchtigen Vaters (seines Klavierlehrers), der fast 5 Jahre lang die Verbindung hintertrieb, heiraten zu können. Clara war als Pianistin bekannt, besonders durch ihre Interpretation der Werke von Beethoven, Chopin, Brahms und ihrem Mann.

Seine letzten beiden Lebensjahre verbrachte Schumann in geistiger Umnachtung. Völlig gefühllos und sehr gehässig schrieb die Pariser Zeitung Le Ménestrel 1863: „Der Musik von Schumann fehlt die Klarheit. Unordnung und Verwirrung beeinträchtigen manchmal sogar die besten Stellen und haben sich später sogar auf den Verstand des Komponisten ausgewirkt."

Postalisches: Wegen Schuberts Notenhandschrift mit einem Auszug aus Wanderers Nachtlied hinter Schumanns Bildnis, nach einer Lithographie von J. Kriehuber, mußte die DDR einen zweiten Markensatz herausbringen. Als Beispiel ist eine fehlerhafte (94) und eine korrigierte mit dem Notenauszug aus Schumanns Mondnacht, Marke (95), gezeigt. Die Silhouette Schumanns vor seiner Notenhandschrift ist auf (96) zu sehen.

Ference Erkel (1810–1893), einer der großen Komponisten des 19. Jh.s, gilt als Schöpfer der ungarischen Nationaloper. Von seinen 80 Opern wurde Hunyady Laszló besonders begeistert aufgenommen. Er gründete die nationale ungarische Schule, ist der Komponist der jetzigen ungarischen Nationalhymne (112) und galt als Idol des nach Eigenständigkeit strebenden Ungarns. Lediglich die ungarischen Wagnerianer griffen ihn in scharfer Weise an. Dieser hochgeachtete Nationalmusiker beherrschte nur die deutsche, nicht aber die ungarische Sprache.

Der in Polen geborene Komponist *Frédéric Chopin* (1810–1849) wird völlig zu Recht als der größte Tonpoet des Klaviers bezeichnet. Er war einer der hervorragendsten Pianisten seiner Zeit und gab bereits als 8-jähriger sein erstes öffentliches Konzert (nach einem Jahr Klavierunterricht!). Die schillernde Gestaltung seiner feinnervigen, dichterisch inspirierten Kompositionen enthält die Leidenschaft seines slawischen Tongefühls, welches selbst Werke von fremdländischem Charakter, wie Tarantellas, Barkarolen und Boleros, durchdringt. Chopins herrliche Klavieretüden, die er zwischen dem 18. und 24. Lebensjahr schrieb, sind wahrhaftig nicht nur Übungsstücke, sondern auch für den Zuhörer ein musikalischer Genuß. Die beiden einzigen Vorgänger, die Chopin zutiefst verehrte, waren Bach und Mozart. Seine Kompositionen übten nachhaltigen Einfluß auf spätere Musiker aus, besonders auf Skrjabin, Fauré, Ravel, Brahms und Debussy.

Postalisches: Obleich Chopin im Alter von 20 Jahren bereits nach Paris übersiedelte und dort auch starb, ist er nur einmal von Frankreich gewürdigt worden (98). Dagegen war er von 1927 bis 1962 in zehn verschiedenen Darstellungen auf polnischen Sondermarken zu finden, danach (bis 1982) aber nur einmal mit der Marke (99), die mit einer Lithographie von Engelmann nach einer Vorlage von Vigneron den 23-jährigen Chopin zeigt. Auf deutschen Marken wurde er nur von der DDR geehrt. Daß man seiner auf Postwertzeichen von Ras al Khaima (97) gedachte (nach einem Gemälde von Eugène Delacroix), ist kaum als ernstgemeinte Würdigung zu werten. Außerdem ist er, mit Liszt zusammen, auf einer Ungarnausgabe gezeigt (100).

Der Deutsch-Ungar *Franz von Liszt* (1811–1886), der Erfinder der sinfonischen Dichtung, wird zusammen mit Richard Strauss als der geistige Vater der 'Neudeutschen Schule' bezeichnet. Seine künstlerische Persönlichkeit wurzelte so tief im deutschen Wesen, daß – anders als bei Chopins Musik mit ihrem polnischen Charakter – bei Liszt die ungarischen Einflüsse und die aus der romanischen Kultur übernommenen Werte nur nebensächlich in Erscheinung treten. Die Anregungen zu seinem weitgespannten Reformwerk gaben ihm Berlioz, Paganini und Chopin.

Mit seiner hexenmeisterlichen Virtuosität am Klavier versetzte der 'Paganini des Pianoforte' die Welt in Staunen, die damals noch nicht erkannte, daß er einer der wenigen Komponisten war, die epochale Neuerungen einführten. Ravel erklärte: „Von Liszts Musik wird sich ein ganzes Jahrhundert nähren!" Dagegen schrieb der unversöhnliche Liszt-Gegner E. Hanslick, er stelle die musikalischen Naturgesetze auf den Kopf, sei unfähig, aus eigenen Mitteln Schönes zu schaffen, ersinne mit Absicht das Häßliche und lasse in seiner Musik die bescheidendste aller Anforderungen vermissen, nicht langweilig zu sein.

Ganz im Gegensatz zu Verdi und Reger hatte Liszt ein beinahe krankhaftes Verlangen nach Orden, mit denen er dann auch reichlich dekoriert wurde, sowie eine lebenslange Vorliebe für Titel und die Aristokratie. 17 Ehrentitel wurden ihm verliehen. Seine Sucht nach Auszeichnungen wurde in der Presse gehörig glossiert. Anders als sein eleganter und aristokratisch auftretender Zeitgenosse Chopin benahm sich Liszt mehr wie ein sozialer Aufsteiger. Liszt kann als erster 'Alleinunterhalter' angesehen werden. In seinem langen schwarzen Abbéhabit, dessen obere Knopflöcher Bündel von Orden zierten, bestritt er abendfüllende Klavierprogramme (piano recitals). Schon mit 37 Jahren dankte der 'König der Pianisten' auf dem Gipfel seines Ruhmes aber plötzlich ab und bestritt nie mehr ein Konzert allein.

Postalisches: Am häufigsten würdigte ihn Ungarn auf 10 Marken, gefolgt von der DDR und der sowjetischen Besatzungszone mit 6 Sondermarken. Von anderen deutschen

97

98

99

100

101

102

103

Postverwaltungen wurde er nicht geehrt, selbst nicht von der des Dritten Reiches, obwohl man während des Zweiten Weltkrieges bis zum 'Endsieg' das Hauptthema aus seinem Prélude als Sondermeldungsfanfare in jedes Heim sandte. Österreich widmete ihm zum 150. Geburtstag eine besonders geschmackvolle Sondermarke (101). Ungarn ehrte Liszt zum 150. Geburtstag und gleichzeitig zu seinem 75. Todestag mit Serie und Block, weil dies im Jahre 1961 zufällig möglich war. Daraus ist die Marke (103) entnommen, auf der sein Standbild vor der ungarischen Nationaloper abgebildet ist. Das bekannte Gemälde von Mihály Munkácsy diente als Vorlage für die Marke (102).

Alexandr S. Dargomyshski (1813–1869), russischer Komponist und bedeutender Pianist, erlangte durch seine Opern (Russalka, Der steinerne Gast) große Bedeutung für die Entwicklung des russischen Musikdramas (104). Außerdem hat er Orchester- und Klavierstücke sowie Romanzen komponiert, die noch heute sehr beliebt sind. Er bemühte sich zwar um einen nationalrussischen Stil, machte aber reichlich Konzessionen an den damaligen Zeitgeschmack; der von Glinka begründete Nationalcharakter der russischen Musik wurde von ihm nicht weiter entwickelt und ausgebaut.

Richard Wagner (1813–1883), der von seinen Zeitgenossen als anmaßend, schwatzhaft und herrschsüchtig bezeichnet wurde, hatte so viele fanatische Anhänger und gleichzeitig so viele heftige Gegner wie kein anderer Komponist. Für ihn gab es nur eine deutsche Musik der Zukunft, nämlich seine eigene, sonst war für ihn die „Musik ein Weib", die italienischen Opern „Lustdirnen", die französischen „Kokotten" und die deutschen „prüde". Er komponierte mächtige, bis in die Gegenwart nachwirkende Werke. Von Weber stark beeinflußt, schrieb er bereits mit 20 Jahren eine romantische Oper, Die Feen, und beendete als 27-jähriger seine große tragische Oper Rienzi. Die Uraufführung der letzteren dauerte sechs Stunden, so daß Wagner sich zu Kürzungen gezwungen sah. Später erarbeiteten Strauss und andere erheblich gestrafftere Fassungen. Trotzdem wurde sie nicht als bayreuthwürdig erachtet. Mit seinem Freund, dem 'Vater der russischen Anarchistenbewegung' Mikhail Bakunin, verfaßte er umstürzlerische Traktate und mußte 36-jährig als steckbrieflich verfolgter Revolutionär unter fremdem Namen in die Schweiz fliehen und 10 Jahre dort verbleiben. Dadurch konnte er der Uraufführung seiner Oper Lohengrin nicht beiwohnen. Als lautstarker Republikaner forderte er „den Untergang auch des letzten Schimmers von Aristokratie", was ihn aber nicht daran hinderte, mit 51 Jahren, hoch verschuldet, dem „teuren huldvollen König", Ludwig II. von Bayern, unter „Tränen himmlischer Rührung ... im höchsten Entzücken, treu und wahr" für die Rettung aus seiner Misere zu danken.

Hitler, der schon als 12-jähriger beschloß, ein Volksheld wie Rienzi zu werden, übertrug später die szenischen Spektakel Wagners auf die pompösen Naziparteitage. Auch besuchte er regelmäßig die Bayreuther Festspiele: nicht nur, um die germanischen Helden und ihre Darsteller zu ehren, sondern auch, weil der Schöpfer dieser Musikdramen sein Gesinnungsgenosse war, der ein giftiges Pamphlet „über das Judentum in der Musik" geschrieben und öffentlich seinen Abscheu gegen die Juden gezeigt hatte. Er hatte Werke von Mendelssohn mit Handschuhen dirigiert, die er nach der Aufführung auf den Boden warf. Brahms nannte er einen jüdischen Czardas-Aufspieler.

Als 'Dichter-Musiker' verknüpfte Wagner gedanklich und motivisch seine Musik so eng mit der dichterischen Idee, daß eine möglichst genaue Kenntnis der dramatischen Handlung

104

106

109

105

108

107

111

112

110

zum Verständnis seiner Werke unerläßlich ist. Bei jeder Oper ist es ratsam, das Libretto zu kennen, um durch das tonliche Medium die in Worten ausgedrückten Gefühle besser erfassen zu können, bei Wagners Musikdramen ist dies jedoch unbedingt erforderlich.

Seine traditionellen Opern, wie die Meistersinger und der Fliegende Holländer, unterscheiden sich erheblich von seinen Musikdramen, die beim Publikum wegen der endlos erscheinenden Monologe und den übermenschlichen Gestalten entweder Abwehr oder Begeisterung auslösen. Rossini meinte dazu: „Wagner hatte wunderbare Augenblicke, aber schreckliche halbe Stunden". Moritz von Schwind soll gesagt haben, daß Mozart sich gewiß bei Wagners Tannhäuser-Ouvertüre vor Schrecken im Grabe drehen würde und man dadurch den Ort entdecken könne, wo sich seine menschlichen Überreste befinden.

Wagners Bedeutung als Musikdramatiker ist nie bezweifelt worden. Über seine kompositorische und dichterische Tätigkeit hinaus führte er einschneidende Reformen auf allen Gebieten des Theaters durch. Dazu gehörten: Verdunklung des Zuschauerraums bereits während der Ouvertüre, Einlaßverbot auch in den Logen bei offenem Vorhang, Applausbeschränkung auf Aktschlüsse, Beleuchtungs- und Maschineneffekte, Schleiervorhänge, Vernebelung der Bühne durch Dampfwolken und Wandeldekoration.

Mark Twain, der gern zum „Heiligenschrein des St. Wagner in Bayreuth pilgerte" und den dort betriebenen Aufwand teils bewundernd, teils ironisch betrachtete, meinte während eines Europabummels: „Ein anderesmal fuhren wir nach Mannheim und besuchten ein Spektakel – auch Oper genannt – und zwar 'Lohengrin'. Das Gepauke, Gedröhn und Gekrache war einfach unglaublich. Der quälende und unbarmherzige Schmerz, den es verursachte, ruht in meinem Gedächtnis gleich neben der Erinnerung an die Zeit, als ich meine Zähne in Ordnung bringen ließ." Später korrigierte er diese schroffe Ablehnung: „Wagners Musik ist besser als sie klingt!" Hanslick riet Lohengrin, den „gefiederten Einspänner", endlich nach Hause zu schicken.

Postalisches: Jedes Land ist stolz auf seine Komponisten, was beispielsweise bei den zahlreichen polnischen Markenausgaben Chopins und den ungarischen von Liszt und Bartók auffällt. Deshalb ist es erstaunlich, daß Wagner auf keiner Marke des Deutschen Reiches, der Bundesrepublik oder Berlins abgebildet ist. Zwar gedachte die BRD seiner mit Notenhandschrift (105), sein Bildnis jedoch bringen lediglich das Protektorat Böhmen und Mähren (106) und die DDR nach einer Büste von A. Langenberger (107). Dagegen wird das Porträt des Komponisten deutscher Heldenopern von der Sowjetunion (108) gezeigt, die offenbar nicht weiß, daß der Sozialist und Republikaner Wagner ein überzeugter Antikommunist war: „Seid ihr töricht oder böswillig genug, die notwendige Erlösung des Menschengeschlechts von der plumpesten und entsittlichendsten Knechtschaft gemeinster Materie als gleichbedeutend mit der Ausführung der abgeschmacktesten und sinnlosesten Lehre, der des Kommunismus, zu erklären?"

Selbst zu Wagners 100. Todestag am 13. Februar 1983 gab die Deutsche Bundespost keine Gedenkmarken heraus, obwohl er mit mehr als 200 Eingaben, die sich auf alle möglichen Gründe beriefen, vorgeschlagen war. Man wählte 20 Anlässe aus, die man für würdiger hielt, auf Sondermarken zu erscheinen, wie das Bier-Reinheits-Gebot. Der Versuch, ihn in den 30er Jahren zu ehren, schlug ebenfalls fehl, wie das Essay der Reichsdruckerei zeigt (109). Bühnenszenen aus seinen Opern, siehe Kapitel Szenenbilder aus Oper und Operette.

Charles Gounod (1818–1893), von Schumann und Berlioz stark beeinflußt, wurde besonders durch seine Faust-Oper Margarete bekannt (110). Außer dieser Oper und dem Bach-Gounod'schen Ave-Maria sind seine anderen Musikstücke selten in Deutschland zu hören. Trotz des großen Erfolges der Oper war sein Schaffen fast ausschließlich auf die Komposition von Kirchenmusik ausgerichtet. Zu seinen schönsten Werken gehört die in Deutschland wenig bekannte Cäcilienmesse. Mit knapp 30 Jahren trat er in ein Karmeliterkloster ein und nannte sich Abbé Gounod; für die Pariser dagegen war er der 'poussierende Mönch'. Er war kuß- und kontaktsüchtig. Jeder, der ihn sprechen wollte, wurde erst auf beide Wangen geküßt.

Giuseppe Verdi (1813–1901) war nicht nur der größte italienische Opernkomponist, sondern einer der Größten überhaupt – ihm gehört zu Recht ein Platz neben Wagner und Mozart. Im Gegensatz zu Wagner und Liszt war Verdi scheu, zurückhaltend, gegen jeden Persönlichkeitskult und haßte übertriebene Publizität. Er lehnte es ab, in den Adelsstand erhoben zu werden, und nahm den Ehrendoktor einer Universität nicht an. Auch verweigerte er die Annahme von Orden, da er nur ein „schlichter Künstler" sei, „der keinen höheren Ehrgeiz hat, noch haben kann." Als er zum Mitglied des Institut de France gewählt wurde, meinte er, das bedeute nur, daß er eine Perücke geworden sei.

Erst mit 36 Jahren, einem Alter, in dem Mozart schon aus dem Leben schied, begann Verdi, Opern von bleibendem Wert zu schaffen. Nach Rigoletto folgte Troubadour. Die Uraufführung von La Traviata, seiner später so beliebten Oper, fand 1853 in Venedig statt – und fiel durch. Für die Aida forderte und bekam Verdi 150000 Franken – das höchste Honorar der Operngeschichte. Weil er die Seereise fürchtete, sagte er die Teilnahme an ihrer Uraufführung in Kairo ab. Heute sind von seinen 26 Opern Rigoletto, Troubadour, La Traviata, Aida, Macht des Schicksals, Maskenball, Othello und Falstaff im Repertoire jedes Opernhauses zu finden. Auch sein Requiem ist nicht vergessen, das trotz seines etwas opernhaften Charakters bewegende Intensität und tiefe Gefühle zum Ausdruck bringt.

Die Handlung des Maskenballs, mit dem Königsmord in Stockholm 1792 zum Inhalt, mußte für die Wiener Aufführung auf Verlangen der Behörden nach Nordamerika verlegt, die Hauptfigur in einen gräflichen Statthalter verwandelt werden. Über diese Oper urteilte der Wiener Musikpapst Hanslick: „Verdi ist bei all seiner Intelligenz, seinem lebhaften, energischen Temperament eine gemeine Natur. Er hält es keine 50 Takte aus, ohne einer Trivialität zu verfallen oder sie aufzusuchen." Nach einer Aufführung des Othello schrieb derselbe Kritiker: „Othello: da der Komponist zum Erdrosseln der armen Desdemona dreimal so viel Zeit braucht als Othello selbst, das mag ihm das gequälte Opfer verzeihen. Wir können's nicht." Um den Othello, das größte italienische Operndrama, in Paris aufführen zu können, mußte – der damaligen Gewohnheit der Pariser Oper entsprechend – ein Ballett eingefügt werden. Selbst der mächtige Hanslick vermochte den Siegeszug der Opern Verdis nicht aufzuhalten, da das Publikum anderer Meinung war.

Postalisches: Außer mehrfachen Würdigungen seiner Heimat wurde Verdi von vielen Ländern durch Sonderbriefmarken geehrt, wie die Beispiele der Marken (113) und (114) nach einem Gemälde von G. Boldini zeigen. Deutsche Marken sind zu seinem Gedenken nicht herausgegeben worden. Eine Szene aus seiner Oper Don Carlos ist im Kapitel Szenenbilder aus Oper und Operette zu finden.

Rossini nannte *Jacques Offenbach* (1819–1880), der eigentlich Jacob Eberscht hieß, den „Pariser Mozart". Wenn er auch die klassische Schönheit und Tiefe seines Leitsterns Mozart nie erreichte, war er doch der Gründer und Meister der heiteren und einfallsreichen Operette, der Opéra bouffe. Nur wenige Komponisten haben funkelnden Geist, spritzigen Witz, Ironie und leichtsinnige Fröhlichkeit so ausdrucksvoll in Töne gesetzt wie Offenbach (111). Während seine Operetten Orpheus in der Unterwelt, Die schöne Helena oder Die Großherzogin von Gerolstein, den leicht fließenden und prickelnden Stil von Paris ausdrücken, ist sein letztes Werk, Hoffmanns Erzählungen, eine tragische Oper. Ihren Welterfolg hat Offenbach nicht mehr erlebt. Sie wurde erst ein Jahr nach seinem Tode in Paris und im Wiener Ringtheater, das am Tage danach abbrannte, aufgeführt.

Nach der Uraufführung seiner Opéra bouffe Orpheus 1858 war das Stück allabendlich ausverkauft. Es wurde 228 Mal gespielt; dann mußte es wegen Erschöpfung der Mitwirkenden abgesetzt werden. Spätere Operettenkomponisten haben nie mehr die ungebundene Heiterkeit und den Witz von Offenbach in ihren Werken erreicht. Erst in den Musicals lassen sich Elemente Offenbach'scher Fröhlichkeit und jauchzender Lebensbejahung wieder erkennen (s. S. 113). Während einer Tournee Offenbachs in Amerika 1876 wurde er von der NEW YORK TIMES als Schöpfer der 'fleischlichen Schule der Musik' bezeichnet, dessen Melodien zum musikalischen Ausdruck gebrachter Geschlechtstrieb seien.

Daß so verschiedenartige Persönlichkeiten wie Offenbach und Wagner sich gegenseitig kritisierten, ist nicht verwunderlich. Wagner meinte: „Die Offenbach'sche Musik hat allerdings Wärme, aber die Wärme eines Düngerhaufens, auf dem sich alle Schweine Europas wälzen können.“ Offenbachs Kommentar war: „Noch einmal letzer Akt 'Tannhäuser' gehört. All diese feierlich Weihe, die philosophischen Überlegungen – sie müssen ja die Musik zur Unendlichkeit und den Zuhörer zum Gähnen bringen.“

Friedrich Smetana (1824–1884), Komponist und ausgezeichneter Klaviervirtuose, hat neben der tschechischen Oper die Sinfonische Dichtung in seiner besonderen Art bereichert. Als Schüler Franz Liszts vereinigte er hervorragend die tschechische Musikempfindung mit der 'Neudeutschen Schule'. Die Melodien seiner Oper Die verkaufte Braut sowie die sinfonische Dichtung Mein Vaterland, mit dem bekannten Satz Die Moldau, erklingen immer wieder in der ganzen Welt. Er komponierte 9 Opern sowie zahlreiche Chor-, Orchester- und Klavierwerke. Hanslick glaubte an die heilsame Wirkung von Smetanas Kompositionen: „Seine beiden Opern 'Verkaufte Braut' und 'Der Kuß' legen sich wie linder Balsam auf unsere durch Wagner zerrütteten Nerven.“ In seinen einsamen letzten 9 Jahren war Smetana völlig taub, starb verarmt und in geistiger Umnachtung.

Postalisches: Nur die ČSSR sowie Böhmen und Mähren würdigten sein Schaffen (insgesamt 10 Mal). Ein Beispiel zeigt (115).

Anton Bruckner (1824–1896). begeisterter Verehrer Wagners, komponierte kirchliche Chorwerke wie das Te Deum und die Messen in e- und f-moll (116). Bekannt wurde er jedoch zweifellos durch sinfonische Werke, von denen besonders die 4. und 7. Sinfonie schnell Weltruhm erlangten. Das Adagio der 7. Sinfonie ist nicht nur der Höhepunkt in Bruckners Schaffen, sondern einer der bewegendsten Sätze musikalischer Schöpfung überhaupt.

Bruckner betrachtete sich als Nachfolger Beethovens, hat jedoch nie dessen Ausdruckskraft erreicht. In seiner Musik drückt sich stetig und sanft seine Liebe zu Gott und der Natur aus. Er spielte hervorragend Orgel und wirkte als Chordirigent und Organist in der St. Florianskirche, deren berühmte Orgel im Kapitel über die Instrumente gezeigt ist.

Es ist nicht weiter verwunderlich, daß der Wagnergegner Hanslick in Bruckners Kompositionen einen „traumverwirrten Katzenjammerstil“ sah. Unverständlich erscheint es dage-

118

120

119

113

114

117

115

116

gen, daß der Bruckner geistig so nahestehende Brahms abfällig äußerte: „Bei Bruckner handelt es sich gar nicht um Werke, sondern um einen Schwindel, der in ein bis zwei Jahren erledigt sein wird.“ Bruckner, ein bescheidener und naturliebender Mensch, soll vom österreichischen Kaiser gefragt worden sein, ob er ihm irgendwie helfen könne, worauf Bruckner ihn bat: „Eure Majestät, wenn Sie vielleicht Herrn Hanslick verbieten können, so schreckliche Dinge über mich zu schreiben.“

Stephen Collins Foster (1826–1864) war einer der ersten Komponisten, die versuchten, ihrer Musik etwas spezifisch Amerikanisches zu geben. Viele seiner über 200 Lieder, meist von melancholischer Schönheit und Sanftheit, sind noch heute sehr beliebt, wie Oh Susanna, Swanee River und My old Kentucky Home. Zu den im Stil der Negerspirituals geschriebenen Gesängen verfaßte Foster selbst die Texte. Mit Gesamtersparnissen von 38 Cents in der Tasche starb er in der Armenabteilung eines New Yorker Krankenhauses (117).

Wenn auch *Johannes Brahms* (1833–1897) als einer der letzten großen Romantiker bezeichnet wird, so sind doch seine krafvollen Kompositionen der Klassik eng verwandt und schließen sich direkt an Beethovens Werke an. Brahms, der bereits mit 15 Jahren als Pianist auftrat und mit dem Geigenvirtuosen Joseph Joachim (218) eng befreundet war, erhielt einen Teil seiner Ausbildung von Franz Liszt sowie von Clara und Robert Schumann. Der letztere schrieb in einem Brief über den 20-jährigen Brahms: „Es ist hier ein junger Mann erschienen, der uns mit seiner wunderbaren Musik auf das allertiefste ergriffen hat und [wie] ich überzeugt [bin], die größte Bewegung der musikalischen Welt hervorrufen wird.“

Mit 29 Jahren kam Brahms erstmals nach Wien und wurde von dem arroganten und intriganten Mekka der Musik so angezogen, daß er die längste Zeit seines Lebens dort verbrachte. Seine Sinfonien, Klavier- und Violinkonzerte, Serenaden, Kammermusikwerke und Lieder gehören heute zum festen Repertoire der Orchester und Interpreten in aller Welt.

Trotz der negativen Einstellung vieler Zeitgenossen zu Brahms, hat der bekannte Dirigent und Pianist Hans Guido Freiherr von Bülow (1830–1894) ihn zum dritten „großen B“ – Bach, Beethoven, Brahms – erhoben. Typisch für Brahms’ Selbstbescheidung war das Bekenntnis: „Wenn die Leute eine Ahnung hätten, daß sie von uns tropfenweise dasselbe kriegen, was sie bei Mozart nach Herzenslust trinken können.“ Reich an Freunden und materiellen Gütern erlag er in Wien einem Krebsleiden und ist auf dem dortigen Zentralfriedhof neben anderen großen Komponisten begraben.

Im Mai 1983 fand zum 150. Geburtstag von Brahms in allen deutschen Nachrichtenmedien eine wahre Brahmsiade statt. Das Publikum wurde mit seinen Kompositionen, Chroniken und Anekdoten derart überfüttert, daß der Gedanke nahelag, man hätte etwas gutzumachen. Seine Heimatstadt Hamburg enthüllte sogar einen 27 Tonnen schweren Steinquader mit seinem Antlitz. Darüber hinaus wurde Brahms durch eine vollständige Ausgabe seiner Werke auf Schallplatte und Kassetten gefeiert, eine Ehre, die bisher weder Bach noch Beethoven erfuhren.

Postalisches: Auf Briefmarken wurde dieser große Komponist erstmalig 1971 von Ras al Khaima geehrt, wodurch er allerdings für die ernsthaften Philatelisten als ‘unerwünschter Sperrwertkomponist’ zur persona non grata wurde.

Die übrige Welt hätte zu den üblichen Jubiläumsdaten – wie dem 100. und 125. Geburtstag oder dem 50. und 75. Todestag – reichlich Gelegenheit für Würdigungen gehabt. Das geschah aber erst 1983 zu seinem 150. Geburtstag

121

123

122

125

124

126

128

129

131

127

130

mit zwei deutschen Ausgaben. Seine Wahlheimat Österreich ehrte ihn nicht. Die Marke (119) zeigt den 34-jährigen bartlosen Brahms neben einem Bösendorfer Flügel nach einem Studiofoto. Der DDR-Block (120) ist ein Kuriosum für die Verbindung von Markenbildern mit der Legende. Auf dem Blockrand sind die ersten Notenzeilen des Liedes 'Also blus das Waldhorn heut' nach einer Handschrift aus der Ostberliner Staatsbibliothek gezeigt, das Brahms am 13. 9. 1868 als Geburtstagsgruß an Clara Schumann sandte. Zu dieser Zeit war er noch bartlos, die Blockmarke stellt ihn aber mit dem berühmten Bart dar, den er sich erst 1877 als 44-jähriger zulegte. In einer offiziösen Monographie wird zur Ausgabe des Blocks erwähnt: „... daß Brahms den äußeren Glanz und die innere Armut – jenes Seite an Seite wachsende Übel des Kapitalismus – sehr genau, aber keinen Ausweg sah."

In den Werken *Camilles Saint-Saëns* (1835–1921) findet die spätromantische Musik Frankreichs ihren klarsten Ausdruck (121). Neben seiner allgemein bekannten Oper Samson und Dalila und den sinfonischen Dichtungen Totentanz und Karneval der Tiere hat er weitere Opern, Sinfonien, Klavierkonzerte, Violin- und Cellokonzerte sowie Oratorien komponiert, die durch ihr vollendetes Formgefühl und echt französischen Esprit sein Schaffen lebendig erhalten haben.

Im Karneval der Tiere ist der kurze, nur drei Minuten dauernde Satz 'Der sterbende Schwan' enthalten, den Fokin (S. 119) für die berühmte Anna Pawlowa choreographierte. Sie tanzte ihn erstmals 1905; er wurde das Symbol ihrer darstellerischen Kunst.

Saint-Saëns gehörte zu den größten Pianisten, Dirigenten und Organisten seiner Zeit. Er besaß ein absolutes Gedächtnis und spielte bereits mit 10 Jahren viele Werke der Meister des Barock und der Klassik (u.a. Beethovens Sonaten) auswendig.

George Bizet (1838–1875), der niemals Spanien besuchte, vollendete drei Jahre vor seinem Tode sein Meisterwerk Carmen, eine der heute beliebtesten und am meisten aufgeführten Opern (122). Zuerst fand dieses realistische Musikdrama keinen großen Beifall beim Publikum. Das änderte sich aber bald, nicht zuletzt wegen seines volksnahen Charakters, wenngleich die Kritiker sich fortgesetzt darum bemühten, die Oper durchfallen zu lassen (siehe auch S. 107). Ein Vierteljahr nach der Carmen-Premiere starb Bizet, der in seinem kurzen Leben von 37 Jahren 26 Opern geschrieben hatte. Zwar wurde er auch durch Die Perlenfischer, Das Mädchen von Perth sowie seine Orchestersuite L'Arlésienne bekannt, jedoch hat keine seiner anderen Kompositionen die Beliebtheit von Carmen erreicht.

Szenenbilder aus seinen Opern, siehe S. 107.

Joseph Gabriel Rheinberger (1839–1901), Liechtensteiner Komponist, Organist und Dirigent, schrieb Opern, Sinfonien, Klavier-, Kammer- und Kirchenmusik (123). Als bedeutendste Schöpfungen sind die Orgelsonaten zu nennen, während – außer der Kirchenmusik – seine übrigen Kompositionen in Vergessenheit gerieten.

Pjotr Iljitsch Tschaikowsky (1840–1893), der erst mit 21 Jahren begann, Musik zu studieren, brachte die russische Musik zu Weltgeltung und komponierte erstmalig Ballette als selbständige Bühnenwerke. Von deutschen Klassikern und Romantikern beeinflußt, sind besonders seine sinfonischen Werke von pathetischem Ausdruck erfüllt. Seiner Opernmusik hingegen fehlen die Affektgeladenheit des deutschen Musikdramas wie auch die theatralischen Übertreibungen der Italiener. Alle Werke sind durchdrungen von starker melodischer Kraft und warmen Gefühlen. Seinen Zeitgenossen Wagner und Brahms war er nicht besonders zugetan. Er sagte einmal, wenn er zwischen beiden zu wählen hätte, würde er sich entscheiden für – Mozart.

Niemals wurden Schmerzen, Leid, bittere Enttäuschung und Todessehnsucht ergreifender in Musik gesetzt als in dem letzten Satz seiner Symphonie Pathétique. Tschaikowsky schämte sich übrigens nicht der Tränen während der Arbeit an seinen Werken: „Oft habe ich beim Niederschreiben geweint.“ Der übermäßig 'geruchsempfindliche' Hanslick schrieb 1881: „Tschaikowskys Violinkonzert bringt uns zum ersten Mal auf die schauerliche Idee, ob es nicht Musikstücke geben könnte, die man stinken hört.“

Postalisches: Er wurde von der Sowjetunion häufig auf Sondermarken gewürdigt, z. B. (124). Szenen aus seinem Ballett Schwanensee und aus der Nußknackersuite sind im Kapitel Ballett- und Eistanzszenen gezeigt.

Die Musik *Antonin Dvořáks* (1841–1904) ist von einer Einfachheit und Schönheit, daß sie selbst beim ersten Anhören mit offenem Herzen aufgenommen wird (125). Dvořák hat keine neuen Wege des Musikstils beschritten, sondern die Einflüsse Beethovens und deutscher romantischer Musik mit dem Element des Volkstanzes seiner böhmischen Heimat verbunden und damit unsterbliche Werke geschaffen.

Dvořáks etwa 150 Werke umfassen fast alle Musikformen. Außer seinen Orchester-, Kammer- und Solokompositionen hat er elf nationale Opern komponiert, von denen das lyrische Märchen Rusalka mit der herrlichen Arie 'Gleitender Mond du, so silberzart' die tschechische Undine verkörpert. Besonders beliebt sind in Deutschland seine 9. Sinfonie (Aus der Neuen Welt) und die Slawischen Tänze, für die er sich zwar von den Rhythmen der Volksmusik inspirieren ließ, die Melodien aber selbst schuf. Die 9. Sinfonie entstand während seines Aufenthalts in den USA, wo er sein Bedauern darüber ausdrückte, daß es noch keine amerikanische Nationalmusik gab, obgleich eine Grundlage dafür in den Negergesängen zu finden sei. In der Sinfonie sind zwei Negerspirituals zu erkennen.

Shaw urteilte abwertend, daß Dvořáks 8. Sinfonie fast das Niveau von Rossinis Ouvertüre erreichen würde und eine vorzügliche Promenadenmusik für ländliche Feste wäre. Sein Zeitgenosse Brahms meinte dagegen: „Der Kerl hat mehr Ideen als wir alle. Aus seinen Abfällen könnte sich jeder andere die Hauptthemen zusammenklauben.“

Wie in Deutschland Schiller und Goethe als Dichterpaar geehrt werden, so betrachtet die Musikwelt Dvořák und Smetana als das größte Komponistenpaar der tschechischen Musik, zu denen später Leŏs Janáček als dritter Repräsentant hinzukam. Anders als in der übrigen Welt ist Smetana in der ČSSR wesentlich beliebter als Dvořák.

Emanuel Chabrier (1841–1894), in dessen Opern der Einfluß Wagners unverkennbar ist, war einer der Vorgänger Ravels und Debussys (126). Seine Rhapsodie España, die er nach einer Spanienreise komponierte, sowie die Ouvertüre zur Oper Gwendoline sind in Deutschland am bekanntesten.

Jules Massenet (1842–1912), den seine Zeitgenossen einen Opportunisten und heiligen Schmeichler nannten, war ein hervorragender Pianist. Er schuf viele Orchester- und Chorwerke und 26 Opern, die ihn bekannt und wohlhabend machten (127). Besonders Manon Lescaut verzaubert noch heute das Publikum mit ihren anmutigen Arien. Kienzl schrieb: „Aus der aristokratischen Partitur von Massenets Oper Manon könnte gar mancher hahnebüchene deutsche Himmelstürmer seine Manieren lernen." Und Romain Rolland meinte: „In jedem Franzosen steckt ein Stück Massenet."

Seine Oper Don Quichote schrieb Massenet für den russischen Sänger F. Schaljapin. Eine Szene daraus ist im Kapitel Szenenbilder aus Oper und Operette zu finden. Die letzte Dekade seines Lebens verbrachte er zeitweise geistig umnachtet.

Arrigo Boito (1842–1918) hatte als Erneuerer maßgeblichen Einfluß auf die Entwicklung der italienischen Oper (128). Weniger bekannt ist, daß der Komponist und Musikkritiker auch Dichter war und nicht nur die Libretti für seine eigenen Opern, sondern auch für die anderer Komponisten schrieb, so für Verdis Opern Othello und Falstaff. Er vernachlässigte seine eigene Arbeit, um Verdi zu „dienen".

Auch Boito, wie so viele Komponisten vor ihm, kam nicht am Faust-Thema vorbei und schrieb die Oper Mefistofele, die in Mailand ausgepfiffen wurde, was Hanslick veranlaßt zu bemerken: „In der Oper die beiden Faust von Gounod und Boito, im Konzertsaal die Faust-Ouvertüre von Wagner, Faust von Berlioz, Faust von Schumann, Faust von Liszt – wir gestehen, musikalisch faustmüde zu sein." Dabei vergaß er die Faust-Oper von Spohr. Als die Wiener Hofoper Boitos Mefistofele aufführte, schrieb H. Wolf: „Wien besitzt ein kostbares Gefäß an seinem Orchester, aber dieses Gefäß wird mit Bitterwasser, Lauge, Essig, Scheidewasser, Schwefelsäure, Zyankali gefüllt."

Wenn Hans von Bülow *Edward Grieg* (1843–1907) als „Chopin des Nordens" bezeichnete, so meinte er sicher nicht, daß dieser Chopin imitierte, sondern ein norwegisches Gegenstück zu dessen feinnervigem Melodienreichtum schuf. Trotz des starken Einflusses von Mendelssohn und Schumann spürt man in jeder seiner Schöpfungen die Liebe zur heimatlichen Folklore und das schwermütige Sehnen und Träumen der nordischen Menschen. Seine Orchestersuite Peer Gynt, das Klavierkonzert a-moll sowie seine lyrischen Klavierstücke hört man häufig auch in Deutschland.

Hanslick meinte, Grieg sei „eigentlich ein in Seehundsfell eingenähter Mendelssohn", während Debussy seine Musik abtat mit den Worten: „Er ist nichts anderes als ein mit Schnee gefülltes Lutschbonbon."

Außer von seinem Heimatland (130) wurde er nur noch von der Sowjetunion auf Sondermarken geehrt.

Nicholai Andréjewitsch Rimski-Korssakow (1844–1908), einer der großen russischen Komponisten und ein Meister der russischen Sinfonie, läßt in seinen Werken die starke Verwurzelung mit der russischen Volksmusik erkennen (131). In der Sowjetunion sind einige seiner Opern, wie Sadko, Der goldene Hahn oder Schneeflöckchen, sehr beliebt. In der übrigen Welt haben sie sich trotz Farbigkeit und Melodienreichtum wegen fehlender Dramatik nicht durchsetzen können. Größte Popularität erlangte aber seine sinfonische Dichtung Scheherezade. Allgemein bekannt sind auch sein Capriccio espagnol und die Antar Sinfonie.

Neben zahlreichen Instrumentalwerken liegt der Schwerpunkt seines musikalischen Schaffens auf dem Gebiet der Märchenopern. Erwähnenswert ist seine einaktige Oper Mozart und Salieri, für die er den Text von A. Puschkins Erzählung wörtlich übernahm, der die Legende zugrunde liegt, Anton Salieri, Wiener Komponist und Lehrer Beethovens, habe Mozart vergiftet. Wieweit diese der Wahrheit entsprach, weiß man nicht, sicher ist, daß Salieri froh war über Mozarts Tod, denn er meinte: „Ein Genie ist dahingegangen. Freuen wir uns darob, denn für unsere Musik hätte bald keiner mehr ein Stück Brot gegeben."

132

134

133

136

135

137

141

138

139

140

Der Lehrer von Ravel, *Gabriel Fauré* (1845–1924), den Debussy den Meister des Anmutigen nannte, war ein Komponist, der Tradition und Moderne miteinander verband (129). Seine Schöpfungen, besonders die Orchestersuiten und Liederzyklen, sind in gut durchdachtem Stil logisch aufgebaut und dienten den nachfolgenden französischen Komponisten als Vorbild. Im Gegensatz zum französischen bekommt das deutsche Publikum Faurés Kompositionen wenig zu hören. Zwar hat er nicht die zukunftsweisende Geltung Wagners, Debussys und Mahlers erreicht, jedoch beachtenswerte Werke wie die A-dur-Violinsonate, das Requiem, eine lyrische Tragödie mit dem Titel 'Prométhée' und die Oper Pénélope komponiert, deren Handlung sich auf Homers Epos stützt.

> Debussy ist wie ein Maler, der seine Leinwand betrachtet, um zu sehen, was er noch alles herausnehmen kann;
> Strauss ist wie ein Maler, der jeden Zoll bedeckt hat und dann die übriggebliebene Farbe nimmt und sie gegen die Leinwand schleudert.
>
> Ernest Bloch

DAS 20. JAHRHUNDERT

Vorbetrachtung

Rückblickend kann man erkennen, daß sich von der Renaissance über Barock und Klassik bis zur Romantik die einzelnen Stilepochen nicht nur auf die Musik, sondern auf die gesamte Kultur bezogen. Obwohl sich der Übergang von einer Kunstrichtung in die andere fast stetig und krisenfrei vollzog, sind die einzelnen Epochen klar unterscheidbar.

Dagegen erscheinen zumindestens gegenwärtig die Stilrichtungen in der Musik wie auch in den anderen Kunstarten unsicher, verworren und ohne erkennbaren Übergang. Da gibt es Impressionsimus, Expressionismus, Dodekaphonie, Neoklassizismus, Exotismus usw. Außerdem versucht man, Tonalität und Harmonie zu umgehen und schließlich Bi-, Poly- und Atonalität einzuführen. Die völlige Ablehnung jeglicher Tonalität wurde schließlich durch die sogenannte serielle Methode erreicht, in der die Töne durch Zahlen- und Proportionsreihen festgelegt werden. Dem breiten Publikum, das sich einer kleinen hochmütigen Gruppe solcher Komponisten gegenübersieht, wäre ein baldiges Ende dieser Musik zu wünschen, zumal sie kaum einen lebendigen Prozeß künstlerischen Wachstums darstellt. Daß diese Entwicklung jetzt zunehmend durch einen neuen Romantizismus verdrängt wird, mag als gutes Zeichen gewertet werden.

Um die Jahrhundertwende verlor die Musikwelt große Komponisten, wie Brahms, Bruckner, Dvořák, (Joh.) Strauß, Tschaikowsky, Verdi und Wolf. Vor dem 2. Weltkrieg wurden noch hervorragende Werke komponiert, wie die Opern und Konzerte von Puccini, Mahler, Strauss, Gershwin und Strawinsky. Auch entstanden neue Formen der Klaviermusik durch Debussy und Ravel. Zur selben Zeit aber beschreitet der Repräsentant des Expressionismus, Schönberg, den für den Hörer verhängnisvollen Weg zur Atonalität.

Im 20. Jh. trägt Deutschland zu einem der traurigsten Kapitel der Musikgeschichte bei: Das Dritte Reich verbietet die Aufführung der Werke jüdischer Komponisten, ungeachtet ihres Wertes, sowie das Auftreten jüdischer Interpreten. Den Bücherverbrennungen der Nazis fielen auch Partituren und Noten 'entarteter' Musik zum Opfer.

Die zweite Hälfte unseres Jahrhunderts bietet nur gefühllose, trockene, sterile oder schlichtweg häßliche Kompositionen, die vom Publikum abgelehnt werden, s. auch S. 79. Anscheinend haben die lautstarken Avantgardisten jeden Sinn für Schönheit verloren. Wer könnte in einer Zeit des Terrorismus und der Kriegsangst der Menschheit auch die Last ihrer Furcht besser erleichtern als unsere Künstler, die sie stattdessen mit ihren Werken entsetzen und beleidigen? Viel Zeit bis zum Ende dieses Jahrhunderts verbleibt nicht mehr, so daß wir uns wohl damit abfinden müssen, in einer Dürreperiode der Kunst gelebt zu haben.

Komponisten

Vincent d'Indy (1851–1931), Komponist und Organist (132), ist der bedeutendste Schüler und Jünger von César Franck (1822–1890), dessen kompositorischem Stil er folgte: Klarheit im musikalischen Ausdruck, Gefühlswärme und lyrischer Fluß sind in jedem seiner Werke zu finden, die teilweise jene von Franck an Schönheit übertreffen. Die Berg-Sinfonie, die Rhapsodie für Klavier und Orchester sowie seine Istar-Variationen gehören zu den herausragenden Werken der impressionistischen Ausdrucksform. Seine Schöpfungen waren für die französische Instrumentalmusik bahnbrechend.

Trotz der Formenklarheit der Werke d'Indys schrieb das Boston Journal 1905: „D'Indys Zweite Symphonie ist ein Bandwurm von quälender Häßlichkeit, wunderlich scheußlichen Tonfolgen, unfruchtbarer Monotonie – rein handwerkliches Können."

Otakar Ševčík (1852–1934), tschechischer Violinvirtuose und Pädagoge, komponierte hauptsächlich Musik für Violine und entwickelte eine neue nach ihm benannte Methode für virtuoses Geigenspiel (Halbtonsystem, Technik der Bogenhaltung), die weltweit gelehrt wird, und verfaßte zahlreiche Lehrbücher (133).

John Philip Sousa (1854–1932), dessen eigentlicher Name M. Ochs war – Sousa entstand aus *S*uper Omnia *USA* –, ist in den Vereinigten Staaten als 'Marschkönig' bekannt. Er komponierte Operetten, Lieder und etwa 100 Märsche, von denen The Stars and Stripes forever am bekanntesten ist (134).

Eine von ihm angeregte Umkonstruktion der Baßtuba in Helikonform mit nach vorn geneigtem Schalltrichter besitzt große Klangfülle und wurde nach ihm Sousaphon benannt, s. Kapitel Blasinstrumente.

Francisco Tarrega (1852–1909), spanischer Komponist und Konzertgitarrist, schrieb Opern, Orchester- und Klavierwerke (135), die in Deutschland fast unbekannt sind. Er hat sich für die Wiedergeburt der Gitarrenmusik im 20. Jh. große Verdienste erworben und wurde als 'Sarasate der Gitarre' geehrt. Er arrangierte Werke berühmter Komponisten, wie die von Beethoven, Mendelssohn, Chopin etc., für Sologitarre und schrieb fast 80 eigene Werke, die heute noch gern gespielt werden.

Der tschechische Komponist *Leoš Janáček* (1854–1928) ist einer der wichtigsten Persönlichkeiten der neuen Musik (136). Seine Werke, wie Jenufa, Katja Kabanowa und Das schlaue Füchslein, zeigen seine tiefe Verwurzelung in der mährischen Volksmusik. Außer diesen schuf er 3 weitere Opern sowie Orchesterwerke, stellte eine umfangreiche Sammlung mährischer und schlesischer Volkslieder zusammen, erlangte aber erst nach dem 1. Weltkrieg mit 64 Jahren Weltruhm.

Wilhelm Kienzl (1857–1941), der Orchester- und Kammermusik komponierte, wurde besonders durch seine 1895 in Berlin uraufgeführte Volksoper Der Evangelimann bekannt (137). Sein Sinn für volkstümlichen Humor, die Verwendung bühnenwirksamer Texte, die Einfügung von Versen, Liedern und Tanzmelodien verhalfen auch seiner 1911 aufgeführten Oper Kuhreigen zu großem Erfolg. In dieser Oper verwendete er als Hauptmelodie das alte Volkslied Zu Straßburg auf der Schanz. Kienzl ist der Komponist der vorletzten österreichischen Nationalhymne, s. Kapitel Nationalhymnen.

Die Ära der italienischen Oper, die mit Monteverdi begann und mit Verdi ihren Höhepunkt erreichte, wurde von *Giacomo Puccini* (1858–1924) abgeschlossen (138). Er entstammte einer Familie angesehener Musiker, die fünf Generationen zurückreicht. Einige Intellektuelle setzten den künstlerischen Wert seiner Werke allerdings herab. So nannte ihn Tucholsky den „Verdi des kleinen Mannes“. Dagegen haben ihn Th. Mann und Shaw hoch geschätzt. Besonders in La Bohème, Madame Butterfly, Tosca und Manon Lescaut hat er es verstanden, den Arien den Zauber zartester Farbgebung und impressionistischer Leuchtkraft zu verleihen. In der Publikumsgunst nahmen diese Opern seit ihren Erstaufführungen stets einen bevorzugten Platz ein. Der zeitgenössische Opernsänger Anton Schott meinte zum Inhalt von La Bohème: „Daß das Werk Erfolg hatte, liegt an der hervorragenden Musik und der verdorbenen Geschmacksrichtung des Publikums, die nicht auf der wünschenswerten Höhe steht und bedauernswerterweise nach und nach in das seichtere Fahrwasser hinuntergedrückt worden ist.“ Den östlichen Diktaturen lieferte er Argumente; ein DDR-Musikfachmann schrieb 1957: „La Bohème ist die schonungslose Enthüllung des Künstlerstandes um 1830, und Madame Butterfly lehnt sich gegen die Kolonialmethoden der Amerikaner auf.“

Hugo Wolf (1860–1903) kann der Wagner des neuen deutschen Liedes genannt werden (139). Er hat Wagners Traum von der Verbindung des Wortes mit dem Ton in neuer Weise auf Lieder angewandt und dadurch besondere dramatische Wirkungen erzielt. Außer seinen Liedern ist nur ein Instrumentalwerk erwähnenswert: Die Italienische Serenade, die er ursprünglich für kleines Orchester schrieb und später für Streichquartett arrangierte. Obwohl er an diesem Stück in einer Zeit tiefer geistiger Depression arbeitete, ist es seine fröhlichste und anmutigste Komposition. Als Kritiker nahm er besonders gegen Brahms scharf Stellung und schrieb Anfang 1886: „Auffallend ist der Krebsgang in dem Produzieren Brahms'. Zwar hat sich dasselbe nie über das Niveau des Mittelmäßigen aufschwingen können; aber solche Nichtigkeit, Hohlheit und Duckmäuserei, wie sie in der Symphonie in e-moll herrscht, ist doch in keinem Werk von Brahms in so beängstigender Weise an das Tageslicht getreten. Die Kunst, ohne Einfälle zu komponieren, hat entschieden in Brahms ihren würdigsten Vertreter gefunden. Ganz wie der liebe Gott versteht auch Herr Brahms sich auf das Kunststück, aus nichts etwas zu machen ... Genug des grausamen Spiels.“ Solche und andere Übertreibungen brachten ihm in Wien den Ruf als 'rasender Kritiker' ein.

142

143

145

144

147

146

148

Natürlich wurden auch seine eigenen Werke kritisiert, so z.B. von Mahler: „Von den 1000 Liedern von Hugo Wolf kenne ich nur 344 – aber die gefallen mir nicht." Oder von Hans von Bülow: „Bei aller Anerkennung seiner reichen, zuweilen blühenden Phantasie befindet sich diese noch im Stadium recht vorhöfischen Dilettantismusses, was bei einem so federvorlauten Anti-Brahmsianer nicht wundernehmen kann." Die Abneigung beruhte auf Gegenseitigkeit, denn Wolf schrieb: „Vor allem erschreckt Bülow der lebendige Beethoven. Um ihm aber doch beizukommen, schlägt er ihn einfach tot."

Schon mit 37 Jahren begann Wolf an Verfolgungswahn zu leiden und starb in einer Wiener Irrenanstalt.

Obgleich die Kompositionen des letzten großen Sinfonikers *Gustav Mahler* (1860–1911) visionäre Perspektiven bieten, sind viele seiner Schöpfungen der breiten Öffentlichkeit fremd geblieben (140). Einer der wenigen, der Mahlers Werk verständlich interpretierte, ist Leonhard Bernstein, der z.B. in dem ergreifenden Andante Comodo der neunten Sinfonie nicht die Vision des individuellen, sondern des globalen Todes erkennen will.[2]

Die Sinfonien Mahlers mit ihrer Sehnsucht nach Erlösung und Seelenfrieden dehnen sich auf Kosten des musikalischen Gehalts häufig ins Uferlose aus. (L. Bernstein: „Mahler ist deutsche Musik mal unendlich.") Seine 8. Sinfonie nennt man wegen des enormen instrumentalen und vokalen Aufwandes die 'Sinfonie der Tausend'. Trotzdem hat Leopold Stokowski sie 1916 mit dem Philadelphia Orchestra uraufgeführt und gleich achtmal wiederholt. Auch das wehrlose Streichquartett Opus 95 von Beethoven konnte sich 1890 nicht vor der geforderten Monsterbesetzung des Dirigenten Mahler unter Heranziehung aller Streicher der Wiener Philharmoniker schützen. Nach der Aufführung meinte man in Wien: „Eine Herzensergießung – kompanieweise."

Als Dirigent war Mahler außerordentlich erfolgreich. Ähnlich wie Toscanini legte er größten Wert auf exakte Interpretierung eines Werkes. Unter seiner Leitung fand in Hamburg die deutsche Premiere der Oper Eugen Onegin statt. Der anwesende Tschaikowsky meinte danach über Mahler: „Kein Durchschnitt, sondern ein Mann von Genie." Seinen internationalen Ruf als Dirigent begründete Mahler an der Hamburger sowie der Wiener Oper, der Wiener Philharmonie und an der Metropolitan Opera in New York.

Mahlers Glaube, daß seine Zeit erst später kommen würde, scheint sich zumindest für einen Teil seiner Werke zu erfüllen. Seine erste Sinfonie wird gegenwärtig häufig aufgeführt. Im geschichtlichen Zusammenhang gesehen ist mit seinen komplexen, nicht leicht verständlichen Kompositionen der Höhe-, aber leider auch der Endpunkt der Tonalität erreicht.

Ignacy Jan Paderewski (1860–1941), polnischer Klaviervirtuose und Komponist, wurde mehr durch seine Klavierstücke als durch seine Oper Manru bekannt (141). Er warb während des ersten Weltkrieges in den USA für die Wiedererstehung eines unabhängigen Polen und beeinflußte den damaligen Präsidenten Wilson, sich für die nationale Sache seiner Heimat einzusetzen. Er wurde 1918 erster Ministerpräsident seines Landes.

Gustave Charpentier (1860–1956), Schüler von Massenet, Vertreter des musikalischen Naturalismus und Verfechter der freien Liebe, versuchte als überzeugter Sozialist das Los der Arbeiter zu verbessern (144). Seine Erfahrungen in Montmatre inspirierten ihn dazu, die bekannte Oper Louise zu komponieren, welche die bohèmische Atmosphäre dieses Pariser Stadtteils treffend charakterisiert. Sie ist einer der schönsten Beiträge zur modernen französischen Oper.

Edward MacDowell (1861–1908) ist der erste große Komponist der Vereinigten Staaten (142). Poetisches Gefühl und große Frische zeichnen seine von der Romantik stark geprägten Werke aus. Bis auf die Indian Suite, in die er die Musik einiger nordamerikanischer Indianerstämme einarbeitete, sind seine Klavier- und Orchesterwerke von europäischem Einfluß geprägt, so das Klavierkonzert in d-moll und die Woodland Sketches. Seine Ausbildung erhielt er in Paris und Frankfurt am Main. MacDowell, der zu Lebzeiten außerordentlich beliebt war und gefeiert wurde, geriet nach seinem Tod in völlige Vergessenheit.

Ethelbert Nevin (1862–1901) hatte auf die Stilentwicklung der amerikanischen Musik nur geringen Einfluß (143). Seine kompositorischen Werke beschränken sich fast ausschließlich auf Lieder und kurze Klavierstücke von lyrischem, sehr sentimentalem Charakter. Sein Lied The Rosary erreichte nach seinem Tode so große Beliebtheit, daß eine für damalige Zeiten riesige Auflage von fast 290000 Kopien verkauft wurde. Keine geringere als die erste Barfußtänzerin Isadora Duncan tanzte 1898 zu seiner Musik Floriane's Dream und Waterscences.

Claude Achille Debussy (1862–1918) wurde, obwohl dafür sehr begabt, nicht Konzertpianist, sondern Komponist und schrieb, angeregt von den impressionistischen Malern, welche die Farben statt zu mischen nebeneinander auftrugen und dadurch völlig neuartige Wirkungen erzielten, impressionistische Musik (145). Dabei beschritt er neue Wege entgegen der konventionellen Form und vermittelte durch die zarte Zerbrechlichkeit seiner delikaten Harmoniefolgen dem Hörer bisher unbekannte Gefühlsempfindungen. Debussy, der erst relativ spät seinen eigenen Stil fand, vollendete sein großes Orchesterwerk Prélude à l'après-midi d'un faune mit 32 Jahren. Als es 1904 in Boston aufgeführt wurde, schrieb L. Elson: „Sein 'L'après-midi d'un faune' war ein typisches Beispiel für moderne Scheußlichkeit. Der Faun mußte einen schrecklichen Nachmittag hinter sich gehabt haben, denn das arme Tier blökte aus tauben Hörnern, wimmerte mit Flöten und ließ keine Spur von medlodischem Gesang vernehmen, bis selbst das Publikum von Mitleid ergriffen wurde."

Seine einzige (impressionistische) Oper Pelléas et Mélisande rief wegen ihrer Einmaligkeit bei der Uraufführung 1902 in Paris höchste Bewunderung hervor. Sehr bekannt ist das Klavierstück Clair de lune aus seiner Suite Bergamasque.

Pietro Mascagni (1863–1945) komponierte zwar mehrere Opern, erlangte aber nur mit seinem ersten Werk, der 35 Minuten dauernden Cavaleria Rusticana Weltruhm (149). Trotz der Kürze dieser Oper ist darin alles enthalten, von der Liebe über die Leidenschaft bis zum Haß. Sie bestand ursprünglich aus zwei Akten. Um aber an einem Musikwettbewerb für eine einaktige Oper teilnehmen zu können, verband er beide Akte durch ein Intermezzo, welches mehr zum Erfolg der Oper beitrug als die übrige Musik. Mascagni brachte übrigens die von G. Blanc 1921 geschaffene italienische Faschistenhymne Giovinezza in die endgültige Form.

Wenige hatten wie *Richard Strauss* (1864–1949) das Glück, selbst zu erleben, wie sich ihre sinfonischen Dichtungen, Opern und Lieder einen festen Platz in jedem Musikrepertoire erobern konnten. Seine ausdrucksvollen Lieder und die sinfonischen Werke schuf er in relativ jungen Jahren – die meisten vor der Jahrhundertwende. Er war bekannt als geldgieriger, biederer, deutscher Kleinbürger, der unter dem Pantoffel stand. Gerne spielte er Skat, unterbrach das Spiel aber gehorsam, wenn seine Frau ihn aufforderte: „Richard, geh komponieren!"

Auch Strauss stand – wie Wolf – den Kompositionen von Brahms ablehnend gegenüber und erzählte, daß schon sein Vater gemeint habe, nördlich des Mains höre die Musik auf. Allerdings fanden fast alle Uraufführungen der Opern des Sohnes Richard nördlich dieses 'Weißwurstäquators', in Weimar und Dresden, statt.

Strauss verehrte Mozart zutiefst und drückte dies nach einer Aufführung von dessen Streichquartett in g-moll folgendermaßen aus: „Das Stück ist nicht komponiert, das kommt vom lieben Gott direkt."

Zu seinen oft gebotenen Werken gehören die Opern Elektra, Der Rosenkavalier, Frau ohne Schatten, Salome sowie seine sinfonischen Dichtungen Tod und Verklärung, Don Juan, Don Quichote, Ein Heldenleben, Also sprach Zarathustra und Till Eulenspiegel. Wagners Sohn Siegfried hielt nichts von Straussens Opern, er schrieb 1911: „Es ist tieftraurig, daß der Parsifal nun bald den Theatern erreichbar sein wird, die durch die unheilschwangeren Werke von Richard Strauss verunreinigt sind, den Brettern, über die die ekelhafte Salome gegangen ist und die Elektra, die man nicht anders nennen kann als eine Verhöhnung des Sophokles, eine Profanation des gesamten Klassizismus. – Mein Vater würde sich im Grabe umdrehen, wenn er von dem Niedergang der Musik erfahren könnte, die in den Opern eines Richard Strauss seinem Publikum bietet ..."

Nach der Uraufführung der Salome wurde die Oper ein Welterfolg, obgleich, wie Strauss meinte, Presseblödsinn und Widerstände des Klerus dies zu verhindern versuchten. Kaiser Wilhelm II. ließ erst dann ihre Aufführung in Berlin zu, als man am Schluß einen Morgenstern aufgehen ließ, der die Heiligen drei Könige anmeldete. Puritaner des In- und Auslandes bezeichneten den Inhalt der Oper als einen unglaublichen Skandal und verhinderten sogar einige Aufführungen. Über die Musik äußerte sich P. Dukas (146): „Ich glaubte zu wissen, was Orchestrierung ist, aber jetzt sehe ich ein, daß mir noch manche ihrer Geheimnisse unbekannt waren."

Auch andere Werke von Strauss wurden kritisiert. Nach der Aufführung der Oper Die Ägyptische Helena schrieb ein Wiener Kritiker: „Jetzt habe ich doch auch einmal bei der schönen Helena geschlafen." Der Kritiker und Freund von Brahms, Max Kahlbeck, meinte zur Premiere des Werkes Ein Heldenleben: „Zwei Orchester, die zu gleicher Zeit im selben Lokal verschiedene Stücke mit verschiedenen Tonarten spielen, würden denselben Effekt hervorbringen." Die Rheinische Musik- und Theaterzeitung kritisierte 1909 die Elektra: „Ein Werk, das man gehört haben muß, so unangenehm es auch sein mag. Schnell und hoffentlich für immer verschwindet es in der Versenkung." Hanslick nannte sie eine grausige Dissonanzschlacht. Selbst über Straussens schönste Oper schrieb Th. Mann an Hugo von Hoffmansthal: „Ich hatte den Rosenkavalier schon vor der Premiere in der Textausgabe des Musikverlages gelesen. – Mit dem aufrichtigen Entzücken über so viel Anmut und Leichtigkeit. Aber wie, um Gottes Willen, verhalten Sie sich nun eigentlich zu der Art, in der Richard Strauss Ihr leichtes Gebilde belastet und in die Länge gezogen hat?! Vier Stunden Getöse um einen reizenden Scherz!" Kaiser Wilhelm II. meinte nach Anhören dieser Oper: „Det is keene Musik für mich."

Postalisches: Strauss war als Dirigent sehr gefragt und wird als solcher im betreffenden Kapitel gezeigt. Darüber hinaus aber wurde er nur auf der Sperrmarke von Ras al Khaima (148) abgebildet, die Strauss nach einem Gemälde von Max Liebermann zeigt. Eine Szene aus dem Rosenkavalier ist im Kapitel Szenenbilder aus Oper und Operette gezeigt, eine mit Lotte Lehmann als Fürstin in derselben Oper im Kapitel Vokalsolisten.

149

151

152

150

153

155

154

156

Durch das in impressionistischem Stil komponierte Orchester-Scherzo L'Apprenti Sorcier wurde *Paul Dukas* (1865–1935) weltbekannt (146). Diese Programmmusik basiert auf Goethes Zauberlehrling. Goethes Text ist der Partitur beigefügt. Seine Sonate es-moll und die Variationen über ein Thema von Rameau sind bedeutende Werke französischer Klaviermusik.

Die Werke von *Johan Julius Christian (Jean) Sibelius* (1865–1957) sind von eindeutig finnischem Charakter. Er hat jedoch weder Melodien noch rhythmische Formen seiner heimatlichen Volksmusik direkt übernommen (150). Stets erkennt man in seinen Schöpfungen die weiche Melancholie – „grau und trübe wie der skandinavische Winterhimmel" –, die selten von heiteren Stellen unterbrochen wird. Besonders bekannt sind sein Violinkonzert in d-moll, sowie seine sinfonischen Dichtungen Finlandia, Tapiola und Valse triste (aus Kuolema).

Über seine vierte Sinfonie waren die Zeitungsschreiber in Boston keineswegs begeistert. Sie schrieben 1913: „Für die meisten war diese Symphonie des finnischen Komponisten nur ein Gewirr der schaurigsten Dissonanzen, welches die schlimmsten Auswüchse Debussys in den Schatten stellt." Und ein Jahr später: „Da treten einige der gräßlichsten Harmonien und Passagen auf, die ich je gehört habe, eine Mischung von musikalischem Unsinn und Selbstquälerei."

Francesco Ciléa (1866–1950), Vertreter der veristischen Oper, komponierte außer Orchester- und Kammermusik auch die bekannten Opern L'Arlesiana und Adriana Lecouvreur (151). Ihr Stil steht zwar im Gegensatz zum unrealen wagnerischen Musikdrama, im Naturalismus italienischer Prägung, ist aber heute wegen seiner übermäßig melodramatischen, beinahe hysterischen Art als überholt anzusehen.

Ferruccio Busoni (1866–1924), der als Vorkämpfer für neue Opernideen noch nicht genügend geschätzt wird, trat bereits mit neun Jahren erfolgreich als Pianist in einer Wiener Konzertveranstaltung auf (152). In seinen Kompositionen klingen die ersten neoklassizistischen Formen an, die eine deutliche Reaktion gegen den romantischen Musikstil zeigen. Außer mit eigenen Kompositionen, wie seinem Klavierkonzert mit Schlußchor, ist er durch die Transponierung Bach'scher Orgel- und Cembalomusik auf Klavier sowie durch seine Kadenzen zu Mozarts und Beethovens Klavierkonzerten bekannt geworden.

Umberto Giordano (1867–1948), ein Opernkomponist, in dessen Werken dramatische Spannungen durch zahlreiche äußerliche Effekte hervorgerufen werden, ist hauptsächlich durch die Oper André Chénier bekannt geworden, die im Stil Puccinis geschrieben ist und in Italien zu den Repertoire-Opern gehört (147). Seine anderen Opern – Fedora, Madame Sans-Gêne – sind zwar beliebt, die Musik ist jedoch etwas oberflächlich und klischeehaft. Er war der Lehrer von Y. Menuhin.

Der amerikanische Negerkomponist *Scott Joplin* (1868–1917) ist der Vater des klassischen Ragtime (153). Seine Werke, die vor 15 Jahren ein Comeback erlebten und auch in Europa einem größeren Kreis bekannt wurden, haben sich einen festen Platz in der Geschichte der amerikanischen Musik erobert. Die Verbreitung seiner lyrischen, oft melancholischen Werke durch die Film- und Schallplattenindustrie förderte nicht nur seine eigene Popularität, sondern auch das Interesse der (weißen) Öffentlichkeit an Kultur und Geschichte der

160

158

157

159

162

161

164

163

amerikanischen Neger. Seine kurzen Klavierstücke finden zunehmend Eingang in die Heim-Musik. Die Melodien sind relativ leicht zu spielen, jedoch bereitet der ungewohnte Rhythmus, der Ragtime-beat, meistens Schwierigkeiten.

Nicht nur sein bekanntestes Werk The Entertainer, sondern auch eine große Zahl anderer Werke, bieten so viel Schönheit, daß auch sie es verdienten, wiederentdeckt zu werden. Dazu gehören die elegante mexikanische Serenade Solace, das afro-amerikanische Intermezzo The Chrysanthemum, der Konzertwalzer Bethena sowie zwei klassische Two Steps, Sugar Cane und Weeping Willow.

Die durch das Aufkommen des Jazz schwindende Beliebtheit der Ragtime-Musik und die erfolglose Aufführung seiner letzten Oper Treemonisha trieb ihn in seinem letzten Lebensjahr in geistige Umnachtung.

Selbst europäische Komponisten wurden durch Joplins Musik zu eigenen Kompositionen angeregt: Brahms plante kurz vor seinem Tode ein Ragtimewerk, Debussy schrieb Gollwogg's Cakewalk sowie General Lavine und Strawinsky das Werk Piano Rag Music.

Aleksandr Nikolajewitsch Skrjabin (1872–1915), der seine Abschlußprüfung wegen einer für den damaligen Geschmack unannehmbaren Komposition nicht bestand, wurde trotzdem bereits mit 26 Jahren zum Professor an das Moskauer Konservatorium berufen (154). Seine Werke sind infolge seiner theosophischen Studien stark vom Mystizismus durchströmt. Das Orchesterwerk Poem der Ekstase und seine Klaviermusik (Etüden, Nocturni) werden nur gelegentlich aufgeführt. Er ordnete den einzelnen Tönen Farben zu und konstruierte aus der Obertonreihe eine neue Tonleiter mit 'mystischem Akkord' (Farbenklavier). Als er in Amerika gastierte, nannte ihn die New Yorker Presse den 'Kosaken-Chopin'.

Lorenzo Perosi (1872–1956), Komponist und Geistlicher, reformierte durch die Wiederbelebung des Palestrinastils die italienische Kirchenmusik und komponierte Oratorien, Kantaten, Messen, Chor- und Kammermusikwerke sowie ein Requiem (155). Seit 1918 war er Dirigent des Chores der Sixtinischen Kapelle und zuletzt Kapellmeister am Petersdom in Rom. Vor allem seine Messen beeinflußten die Kirchenmusik Italiens und Spaniens.

Max Reger (1873–1916), der mit Busoni eng befreundet war, wird wie der junge Strauss als geistiger Nachfolger von Brahms angesehen. Allerdings wirkte die kontrapunktische Kunst Bachs auf Reger so stark ein, daß manche glauben, in ihm einen wiederauferstandenen Bach zu erkennen. Als Vertreter der absoluten Musik war seine Maxime, daß jede Orgelmusik, die nicht im Innersten Bach verwandt ist, unmöglich sei. Seine vollendetsten Schöpfungen entstanden in seinen letzten Lebensjahren. Von den mehr als 150 Werken, hauptsächlich Orgel-, Chor- und Kammermusik, sind heute nur wenige in Konzertsälen zu hören.

Gegen Kritiker und das teilweise damit verbundene musikalische Philistertum war Reger recht intolerant. Er komponierte sogar eine Sonate (Opus 72), in deren erstem Satz durch entsprechende Noten 'Schaf' und 'Affe' ausgedrückt wurden. Bei ihrer Uraufführung 1903 in Frankfurt zeigte er dann vom Klavier aus auf den einen oder anderen Kritiker. Weniger musikalisch war seine Reaktion gegen die Mißbilligung eines Kritikers: „Ich sitze im kleinsten Raum meiner Wohnung und habe Ihre werte Kritik vor mir. Bald werde ich sie hinter mir haben." Schon als Vierzigjähriger wurden ihm viele Ehrungen zuteil, er wurde Generalmusikdirektor, Professor, mehrfacher Doktor h.c. und erhielt verschiedene Orden. Von letzteren hielt er nicht viel und meinte, sie seien „eine Verunreinigung des Knopfloches".

Als er in Bad Pyrmont ein Konzert gab und man ihm anstelle des Honorars einen Orden verleihen wollte, fragte er, ob es wenigstens eine große goldene Medaille sei.

Postalisches: Reger wurde von Deutschland bisher nur einmal, und zwar von der DDR, geehrt (157).

Die Werke des in Publikums- und Fachkreisen umstrittenen Komponisten *Arnold Schönberg* (1874–1951), der auf der Marke (159) gezeigt ist, sind durch zwei streng voneinander getrennte Phasen gekennzeichnet: Seine früheren Werke, wie das Streichsextett Verklärte Nacht, die gelegentlich aufgeführt werden, sind noch stark von Wagner beeinflußt. Das gilt auch für seine Chorwerke, Melodramen, Opern und die Gurrelieder, deren Aufführungsrahmen alle üblichen Maße übersteigt und sich ins Grenzenlose verlieren. Über Strauss, der den 28-jährigen Schönberg während der ersten Schaffensperiode finanziell und beruflich stark gefördert hatte, sagte dieser, daß er alles von ihm Gelernte gottlob mißverstanden hätte. Strauss antwortete darauf, der junge Mann solle lieber Schnee schaufeln, statt Notenpapier vollzukritzeln. Musikhistorisch ist Schönbergs zweite Phase von Interesse, da seine Kompositionen seit den 20er Jahren kompromißlose Experimente mit dem Zwölftonsystem (Dodekaphonie) sind, bei dem ein Ton erst nach Ablauf der Reihe, d.h. den restlichen 11 Tönen, wiederholt werden darf. Dabei sind alle Töne der chromatischen Skala von gleicher Wichtigkeit, und keiner wird vor einem anderen bevorzugt. Musikalische Experimente, wie Zerschlagung der Harmonik und Negierung der Tonalität, sind zwar im allgemeinen nicht abzulehnen; man experimentiert ja auch in der Chemie und Physik. Das Schönberg'sche Experiment scheint jedoch bestehende Naturgesetze zu verletzen, ähnlich wie der Versuch, alle Temperamente (oder alle Menschen) gleichzumachen.

Ob die völlige Aufhebung der Harmonie wirklich eine bleibende und wichtige Phase der Musikentwicklung bedeutet, ist zweifelhaft, da auch noch heute – 70 Jahre nach Ausreifung der Schönbergschen Versuche – diese neue Musik von den meisten Menschen abgelehnt wird. Der Kritiker H. Leichentritt schrieb bereits 1911 über die Drei Klavierstücke Opus 11: „Möglich, daß die Musik der Zukunft so aussehen wird – ich habe für ihre Schönheiten kein Verständnis. Ob der Pianist die Stücke gut oder schlecht spielt, kann ich nicht beurteilen, weil der Hörer bei dieser Musik zwischen richtig und falsch nicht unterscheiden kann."

Schönbergs Technik wurde von seinen Schülern *Alban Berg* (1885–1935) und *Anton Webern* (1883–1945) weiterentwickelt, die die Musik spannungsgeladener und mit mehr Dissonanzen versahen als jemals zuvor. (Webern wurde übrigens kurz nach Ende des zweiten Weltkrieges von einem amerikanischen Besatzungssoldaten irrtümlicherweise erschossen.)

Franz Schmidt (1874–1939), aus den Reihen der Wiener Philharmoniker hervorgegangen, komponierte Opern, Orgel-, Kammer- und Orchesterwerke und das Oratorium Das Buch mit Sieben Siegeln (160). Seine bekannteste Oper ist eine gruselig-romantische Version von Victor Hugos Notre Dame, die zwar in Frankreich, nicht aber in Deutschland aufgeführt wurde, während das – auf raffinierten Orchesterklang abgestellte schwelgerische – Zwischenspiel daraus häufig zu hören und weltbekannt ist.

Die Werke *Maurice Ravels* (1875–1937), eines der größten französischen Komponisten, zeichnen sich durch geistvollen gallischen Humor aus, so seine einzige Oper L'heure espagnole oder seine Klaviersonaten. Zu den erfolgreichsten Werken gehören das Ballett Daphnis et

Chloé sowie das Orchesterwerk Bolero. Seine Stilverfeinerung und Klarheit der Struktur erinnern oft an die klassische Musikperiode. Ravel war die letzten Jahre vor seinem Tod völlig gelähmt. Er wurde von Monaco auf einer schönen Porträtmarke geehrt (161). Eine Szene aus seiner Fantaisie lyrique L'Enfant et les Sortilèges ist im Kapitel Szenenbilder aus Oper und Operette zu sehen.

Durch *Manuel de Falla* (1876–1946), Schüler von Debussy, wurde erstmals und wohl am treffendsten der Charakter der spanischen Musik ausgedrückt, obwohl er kaum Volkslieder in seinen Kompositionen direkt verwandte (156). Die Orchestersuite seines tragisch-dämonischen Balletts El Amor Brujo wie seine spanischen Tänze werden häufig aufgeführt. Außerdem komponierte er Ballette, Opern, Klaviermusik und Gesänge. Er war der bedeutendste Meister des spanischen Impressionismus. Seine Oper La Vida Breve kann mit der Einflechtung spanischer Volksmusik als Seitenstück zu Bizets Carmen betrachtet werden.

Der Musikstil des großen ungarischen Komponisten und Beethoven-Verehrers *Béla Bartók* (1881–1945) ist durch seine tiefe Liebe zur Musik seines Volkes geprägt. Er gilt zusammen mit Kodály als einer von denen, welche die von Liszt eingeführten Neuerungen fortsetzten. Seine Kompositionen drücken die Verbundenheit mit der echten ungarischen Volksmusik aus, während Brahms und Liszt Zigeunermusik bevorzugten. Bartóks Musik verlangt wegen ihres Mangels an Tonalität, der spezifischen Struktur seiner Musikformen und der Abstraktheit der Melodien gründliches Studium, bevor sie verstanden und gewürdigt werden kann. Zu seinen Hauptwerken gehören die Oper Herzog Blaubarts Burg, Der holzgeschnitzte Prinz, ein Tanzspiel, und Der wunderbare Mandarin, eine Pantomime. Als das letztere Bühnenwerk 1926 in Köln uraufgeführt wurde, kam es wegen seiner unbarmherzigen Gesellschaftskritik zu einem solchen Skandal, daß Oberbürgermeister Konrad Adenauer weitere Aufführungen untersagte. Außer mit der Komposition von Orchester-, Klavier und Kammermusikwerken beschäftigte Bartók sich intensiv mit der ungarischen Volksmusik. Zu Lebzeiten wurde ihm nie die Anerkennung gezollt, die ihm nach seinem Tode zuteil wurde. Er emigrierte 1939 in die USA.

Eine der größten Kompositionen des 20. Jh.s ist Bartóks Konzert für Orchester, das Ende 1943 fertiggestellt und kurz vor seinem Tode in Boston uraufgeführt wurde.

Postalisches: Ungarn hat seiner auf mehreren Sondermarken gedacht und zu seinem 100. Geburtstag den Markenblock (162) herausgegeben. Er zeigt Bartók nach einer Darstellung von Béni Ferency und eine Illustration zu seinem Chorwerk Cantata Profana, einer Hymne an die Natur nach einer altrumänischen Volksballade.

Der Rumäne *George Enescu* (1881–1955) erlangte dreifachen Ruhm als Komponist, Dirigent und Geigenvirtuose (163). Seine Kompositionen sind stark von der Volksmusik beeinflußt; die Rumänische Rhapsodie und die Oper Ödipus sind am bekanntesten. Enescu komponierte eine beachtenswerte Sonate für Violine und Klavier, 3 Sinfonien und ein Streichquartett, alle im romantischen Stil, und war ein bedeutender Bachinterpret.

Zoltán Kodály (1882–1967), Komponist, Musikwissenschaftler, Pädagoge und Kulturpolitiker, war wie Bartók ein großer Kenner und Sammler ungarischer Volksmusik, die seine Werke durchdringt. Der Musikstil ist zwar bei beiden ähnlich, Kodály ist jedoch weniger den atonalen Tendenzen gefolgt und hat damit bewiesen, daß die Tonalität

165

166

168

170

167

171

169

172

noch lange nicht ausgeschöpft ist. Am bekanntesten sind seine Tänze aus Galanta, die Háry János Suite und das Chorwerk Psalmus hungaricus.

Bartók meinte: „Ich erkenne Kodály als den besten ungarischen Musiker nicht deshalb an, weil er mein Freund ist, sondern er wurde zu meinem Freund, weil er der beste ungarische Musiker ist ..."

Marke (164) zeigt den Komponisten nach einem Gemälde von S. Légrády.

Joseph Matthias Hauer (1883–1959), Komponist und Musikwissenschaftler (158), entwickelte unabhängig von Schönberg die auf dem temperierten Zwölftonsystem aufgebaute atonale Musik, in der die bestehenden Gesetze der Harmonielehre nicht mehr gelten. Im Jahre 1919 entdeckte er das Zwölftongesetz (Opus 19). Dabei verwendete er 44 Tropen (Wendungen), die die Grundlagen dieser Kompositionstechnik sind. Er komponierte zahlreiche Werke für Orchester, Klavier, Kammerbesetzung und Gesang, wie die Hölderlin-Lieder, die dem Hörer fast ausschließlich einen kraftlosen und statischen Eindruck vermitteln und denen Schönbergs größere Ausdrucksfülle fehlt.

Igor Strawinsky (1882–1971), Schüler von Rimski-Korssakow, war einer der größten Komponisten des 20. Jh.s. Er lebte seit 1914 im westlichen Europa und emigrierte 1939 in die USA, wo er auch starb (165). Er wurde von Diaghilew (292) zu seinen Balletten Feuervogel, Petruschka und Le Sacre du Printemps angeregt. Für sein Ballett Pulcinella und für die Suite Italienne arrangierte er zahlreiche Melodien von Pergolesi.

Als Begründer des musikalischen Neoklassizismus erreichte Strawinsky seinen schöpferischen Höhepunkt mit dem Opernoratorium Oedipus Rex; eine Szene daraus ist im Kapitel Szenenbilder aus Oper und Operette gezeigt. Er interessierte sich zwar für die Zwölftonmusik und übernahm in einigen Werken deren Satztechnik, gab aber sein eigenes Rhythmus- und Tonempfinden nicht auf. Sein Ballett Le Sacre du Printemps, das zu den bedeutendsten Kompositionen des 20. Jh.s gehört, löste 1913 bei der Erstaufführung in Paris Tumulte und Raufereien aus. Das von Nijinsky (291) choreographierte und von den Ballets Russes unter Diaghilew (292) aufgeführte Werk erschreckte die damaligen Zuschauer wegen der Brutalität der Darstellungen aus dem heidnischen Rußland und den starken Abweichungen von der klassischen Ballett-Technik. Sein letztes sinfonisches Werk, Symphonie in Three Movements, beendete er 1945, in dem Jahr, in dem die erste Atombombe Hiroshima zerstörte. Seitdem folgte kein Werk mehr, das auch nur annähernd die Größe dieser Sinfonie erreichte.

Heitor Villa-Lobos (1887–1959), ein brasilianischer Bachverehrer, ist der führende Komponist Südamerikas, dessen mehr als 1000 Werke von der brasilianischen Volkskunst geprägt sind (167). Seine provokative und teils wilde Musik, wie in Choros und Bacciana Brasileira, ist in Deutschland wenig bekannt.

Sergeij S. Prokofjew (1891–1953), russisch-sowjetischer Komponist, Schüler von Rimski-Korssakow, wirkte bereits mit 18 Jahren öffentlich als Pianist und spielte seine eigenen Kompositionen (166). Von 1918–1932 hielt er sich im westlichen Ausland auf und schuf Werke, die den humorlosen Sittenrichtern der Sowjetunion mißfielen und deshalb in seinem Heimatland nicht aufgeführt werden durften. Nach seiner Rückkehr gehörte er zu den Hauptvertretern des sowjetrussischen Nationalstils, des mit Pathos überladenen sozialistischen Realismus. Von seinen Zeitgenossen wurde er als talentiert, aber eiskalt und ungehobelt bezeichnet. Über die Musik Chopins und Liszts urteilte er geringschätzig. Er bezeichnete das Klavier als Schlaginstrument und forderte, es entsprechend zu behandeln. Und so schlagzeugartig und wild spielte er auch in Amerika, was ihm die Bezeichung 'Bolschewik-Pianist' einbrachte.

Arthur Honeggers (1892–1955) Kompositionen bewirken beim Laien selten schöne, meist dagegen schmerzhafte Empfindungen (168). Die scharfen Dissonanzen sind fast grausam zu nennen, und die komplexe polyphonische Konstruktion erschwert dem Publikum den Zugang zu seinen Werken. Seine Oratorien und Sinfonien weisen in den letzten Werken mystische und religiöse Züge auf. Das provokative Werk Pacific 231 stellt dankenswerterweise seinen einzigen Versuch dar, Maschinenlärm in den Konzertsaal zu bringen. Im Vorwort wird die Musik beschrieben als „das ruhige Atemschöpfen der Maschine im Stillstand, die Anstrengung beim Anziehen, die allmähliche Zunahme an Geschwindigkeit, bis sie einen lyrischen Höhepunkt erreicht, die Pathetik eines schnellen Zuges von dreihundert Tonnen, der mit hundertzwanzig Stundenkilometern durch die Nacht donnert." Man wird an den Begründer des 'musikalischen Futurismus', L. Russolo, erinnert, der 1913 allen Ernstes schrieb: „Uns wird viel größerer Genuß aus der idealen Kombination der Geräusche von Straßenbahnen, Verbrennungsmotoren, Automobilen und geschäftigen Massen geboten, als aus dem Wiederhören beispielsweise von Eroica oder Pastorale." Der Musikliebhaber kann nur hoffen, von solch überspannten Werken in Zukunft verschont zu bleiben.

Eine Szene aus Honeggers Oper L'Aiglon ist im Kapitel Szenenbilder aus Oper und Operette gezeigt.

Ein wichtiger Beitrag *George Gershwins* (1898–1937) zur eigenständigen amerikanischen Kunstmusik war der Beweis, daß Jazz auch zu großen Kompositionen anregen und in sie aufgenommen werden kann (169). (Der Ausdruck 'Jazz' soll übrigens von dem Negertänzer Jasbo [Jas] Brown stammen.) Der Versuch von MacDowell (142), eine amerikanische Musik aus den Gesängen der Indianer zu schaffen, mißlang. Nur der Jazz wurde die Basis für nationale Werke. Mit 21 Jahren schrieb Gershwin in 15 Minuten sein weltbekanntes Swanee. Es war ein Blitzerfolg: Eine Million Notenblätter und zwei Millionen Schallplatten wurden in kurzer Zeit verkauft. Gershwins lebendige und melodienreiche Instrumentalmusik, wie in An American in Paris und seine Neger-Oper Porgy and Bess können als ein Denkmal amerikanischer Kultur angesehen werden. In der Rhapsody in Blue sahen manche puritanische Kritiker die Werte des Abendlandes in Frage gestellt. Während er 1937 die Musik für The Goldwyn Follies komponierte, erlitt er einen Schlaganfall (Gehirntumor) und starb kurz darauf.

Francis Poulenc (1899–1963) war mit seiner spritzigen, oft satirischen Musik eine Art Rossini des 20. Jh.s (170). Seine ernstere Seite zeigte er in den reizenden Liedern, Klavierstücken, Kirchenwerken und in der Oper Les Dialogues des Carmelites. Poulencs erstes Werk von bleibendem Wert, das er mit 24 Jahren komponierte, ist das Ballett Les Biches, welches Diaghilev (292) in Auftrag gab. Das Publikum war angenehm überrascht: Die erste Szene zeigte sechzehn hübsche Mädchen, kokett um eine riesige Couch gruppiert, und drei junge Männer in Badehosen!

Hanns Eisler (1898–1962) war in seiner frühen Schaffensperiode ein Anhänger der Zwölftonmusik (171). Ende der 20er Jahre verwendete er Jazzelemente in seinen Werken, schrieb Theatermusik zu Stücken von B. Brecht und Filmmusik. Nach 1948 schuf Eisler nur noch

Kompositionen, die seine politische Überzeugung ausdrückten. In demokratischen Ländern kennen Fachleute seine dodekaphonen Kompositionen aus der Zeit der amerikanischen Emigration; in der kommunistischen Welt wird er dagegen als 'Musikpolitiker' und 'Kampfmusiker' gefeiert. Sein Lehrer Schönberg, den Eisler für einen „Kleinbürger ganz entsetzlicher Art" hielt, hoffte vergebens: „Wissen Sie, Eisler, den Sozialismus kann ich Ihnen nicht abgewöhnen, aber die Zeit wird es abgewöhnen." Als typischer Vertreter der sozialistischen Komponisten vertrat Eisler die Meinung seines sowjetrussischen Kollegen Tichon N. Chrennikow: „Natürlich muß der Staat vorschreiben, welche Art von Musik geschrieben werden soll, denn wir leben in einem sozialistischen Land, und die Menschen müssen eine Musik erhalten, die zur Revolution und nicht zur Gegenrevolution, zur sozialistischen und nicht zur bürgerlichen Gesellschaft paßt ...", s. auch S. 85.

Postalisches: Eisler wird im DDR-Briefmarkenkatalog Lipsia[4] als ein Komponist gewürdigt, der den neuen Stil der revolutionären Massenlieder und des aggressiv sozialkritischen Solo- und Chorgesanges eingeführt habe. Wie schön, daß Eislers konservativer Lehrer Schönberg diese Charakterisierung nicht mehr erlebte.

Dmitri D. Schostakowitsch (1906–1975), von der modernen westeuropäischen Musik Mahlers, Bergs und Hindemiths angeregt, wurde der Hauptvertreter moderner sowjetischer Komponisten (172). Sein weit gespanntes Schaffen reichte von Sinfonien über Instrumentalkonzerte, Kammermusik, Klavierwerke, Opern, Kantaten, Oratorien, Ballett-Suiten und Liedern bis zur Bühnen- und Filmmusik.

Die Uraufführung der Oper Lady Macbeth 1934 in Leningrad war ein glänzender Publikumserfolg; sie wurde aber, im Zuge des 'Kampfes gegen den Formalismus', jahrelang als degeneriert verbannt und erregte selbst nach einer Überarbeitung 1962 weiterhin das Mißfallen der Parteikritiker. Schostakowitsch wurde als 'Feind des Volkes' in seiner schöpferischen Tätigkeit nicht nur behindert, sondern als Komponist völlig ruiniert.

Anmerkung

Ein letztes Wort zur Neuzeit: Während die Werke von Mahler, Strauss und Strawinsky trotz ihrer teilweisen hohen Anforderungen an den Zuhörer noch als publikumsfreundlich bezeichnet werden können, trifft dies auf viele der nach dem ersten Weltkrieg entstandenen atonalen Kompositionen nicht mehr zu. Vermeidet man jeden Wohlklang und löst keine Dissonanzen auf, geht der Kontakt mit dem Publikum, für das man doch letztlich komponiert, verloren. Musiziert man zusätzlich in zwei oder mehreren Tonarten gleichzeitig (Bi- oder Poly-Tonalität), so fragt sich mancher, ob die Ausführenden wirklich das wiedergeben, was komponiert wurde.

Auch die 'Geräuschmusik' führt bei vielen zu einem unbändigen Drang, zu Mozart zurückzukehren. Solche 'Machwerke' sollte man nicht in die Konzertsäle bringen. Die musikalische Perversität geht übrigens so weit, daß unlängst in New York eine Sonate des amerikanischen Komponisten Kurt Nurock für Klavier und Hund uraufgeführt wurde; er arbeitet jetzt an einer Suite mit vier Katzen und einem Papagei. Die von M. Arnold 1950 komponierte Große Ouvertüre für drei Staubsauger und elektrischen Bohnerbesen erntete kaum Beifall, als sie von Professoren der Musikhochschule in Huntington, West Virginia, 1983 wiederaufgeführt wurde. Man gewinnt unwillkürlich den Eindruck, daß das Publikum zum Narren gehalten werden soll.

Abgesehen von den beiden letztgenannten Stücken musikalischen Blödsinns, fragt man sich, warum von 'antipublikümmerlichen Musikern' (n. Mendelssohn) derart publikumsfeindliche Werke geschrieben werden. Ist es krankhafte Geltungssucht, hat sich unser Denken und Fühlen geändert, ist unsere Umwelt infolge technischen Fortschritts nur noch häßlich und geräuschvoll oder haben Komponisten heute größere Sorgen und mehr Angst vor der Zukunft als ihre Vorgänger? Wären dies die Gründe, so müßte man sich fragen, wie Mozart in einer Zeit größter finanzieller Schwierigkeiten (s.S. 33) seine letzten drei Sinfonien schaffen konnte, die zu den schönsten Kompositionen gehören, die jemals erdacht wurden. Solchen Überlebenssorgen ist heute kein Komponist mehr ausgesetzt. Er kann gar nicht weit genug 'aussteigen', als daß er nicht vom sozialen Netz eingefangen würde. Es würde der modernen Musikentwicklung höchst dienlich sein, wenn die Musikschaffenden unserer Zeit am Eingang der Konzertsäle das Eintrittsgeld für ihre Programme selbst kassierten, wie es die großen Meister Gluck, Händel und Telemann taten.

Musikliebhaber, deren berufliche Beschäftigung meist recht amusikalischer Natur ist, haben wenig Zeit, nach einem Tag anstrengender Arbeit Musik zu studieren und zu analysieren – sie wollen sich an ihr erbauen und sie genießen. Ihre Freizeit ist schon zu kurz, allein die herrlichen Werke des Barock, der Klassik und Romantik kennen und würdigen zu lernen.

Ist es nicht bezeichnend – so deprimierend es klingen mag –, daß man in vielen Schlagerkompositionen mehr Lebensfreude, Frische und Verinnerlichung erleben kann als in den neuen Produkten der sogenannten ernsten Musik? Eine traurige Zwischenbilanz nach 600 Jahren bewußter Musikentwicklung. Sie entspricht den Fehlleistungen in der Malerei, Bildhauerei, Architektur und der dramatischen Bühnenkunst. Gegenwärtig werden wir mit unverständlichen Experimenten so überhäuft, daß wir uns, von ihnen abgestoßen, wieder den alten Meistern zuwenden.

Es bleibt zu hoffen, daß diese Verwilderung der Musik bald als Subkulturphase vergessen werden kann, zumal in einigen neuen Kompositionen ein sehnsüchtiges, wenn auch schüchternes Verlangen nach Tonalität zu spüren ist. Wenn diese Avantgardisten schon nicht wie Mozart komponieren können oder wollen, so mögen sie sich wenigstens zu Herzen nehmen, was er schrieb: „Die Leidenschaften, heftig oder nicht, müssen niemals bis zum Ekel ausgedrückt sein, und die Musik auch in der schaudervollsten Lage niemals das Ohr beleidigen"...

Erst dann, wenn die Musik wieder die Gefühle der Menschen anspricht und nicht auf ihnen herumtritt, wird ihre Weiterentwicklung möglich sein. Das hängt aber im wesentlichen davon ab, wie sich unser Empfinden für Klang und Rhythmus ändert und ob neue Musikinstrumente mit größerer oder anderer Ausdruckskraft als die bestehenden erfunden werden. Ein Flötenkonzert konnte schließlich erst komponiert werden, nachdem aus der Knochenflöte die Konzertflöte entwickelt worden war.

Im gegenwärtigen Zeitalter der Elektronik sind Anzeichen zu erkennen, daß vielleicht neuartige Musikarten entstehen, die die Welt der Töne in Zukunft grundlegend beeinflussen könnten. Dabei werden Mikrocomputer und Frequenzsynthesizer Möglichkeiten eröffnen, die weit über die Technik der Elektronenorgel hinausgehen. Neuartige und ungewöhnliche Klang- und Lichteffekte, die man elektronische Lautmalereien nennen könnte, werden vielleicht in Zukunft die Musik bereichern. Ein anderes Beispiel bieten die Radiosignale, welche von der amerikanischen Raumsonde Voyager II aufgenommen und mittels Musiksynthesizer in einen hörbaren 'Sirenengesang' verwandelt wurden. Man hörte „kristallklare Töne, Gezwitscher, schrille Pfeiftöne und tiefes Brummen, die sich zu komplexen Melodien ineinanderschlingen." Diese Sphärenmusik klingt keineswegs himmlisch und engelhaft sanft, sondern eher drohend und schaurig, so als ob jemand dort draußen böse auf uns ist. Anders als bei Hauers Zwölftonspiel 'Sphärenmusik' dienen hier erstmals Himmelskörper als Tonquelle und nicht von Menschen hergestellte Musikinstrumente.

Abschließend sei bemerkt, daß das Leben des Musikliebhabers im 20. Jh. so dürftig nicht ist, wenn man bedenkt, daß er für wenig Geld alle Sinfonien von Mozart und Beethoven kaufen und sich ein Leben lang daran erfreuen kann.

Nachtisch

Auf die teilweise recht schwere Kost, die uns die Musiker bisher servierten, erscheint ein leichter musikalischer Nachtisch angebracht: die beschwingten und fröhlichen Melodien der Walzer- und Operettenkomponisten.

Joseph Lanner (1801–1843), auf (173) dargestellt, gilt, zusammen mit Joh. Strauß, Vater, als der Begründer des klassischen Wiener Walzers. Bereits mit 23 Jahren gründete er ein Orchester und komponierte eigens dafür über 200 Walzer, Ländler, Galoppe und Kotillons.

Johann Strauß, Vater (1804–1849), enger Freund Lanners, komponierte 250 Werke, darunter mehr als 150 Walzer. Er bezweifelte das Talent seines Sohnes mit den Worten: „Jetzt will der Mistbub, der Johann, auch Walzer schreiben, wo er keinen Dunst davon hat und es mir schon Mühe macht, in zwölf oder acht Takten was Neues zu bringen." (174).

Trotz der Meinung seines Vaters wurde *Johann Strauß*, Sohn (1825–1899), weltberühmt (175). In seinen zahlreichen Walzern, Polkas, Galoppen, Quadrillen, Märschen und Operetten (insgesamt etwa 480 Werke) spiegelt sich der sorglose Frohsinn der Wiener wider. Der Melodienreichtum seiner herrlichen Walzer veranlaßte Brahms zu bemerken: „Er trieft vor Musik!" R. Strauss hielt ihn für den liebenswürdigsten Freudenspender von allen Gottbegnadeten. Der Walzerkönig und Schöpfer der Wiener Operette, der selbst nicht Walzer tanzen konnte, war ein guter Geschäftsmann: So finanzierte er seine Komische Oper durch die Herausgabe von Aktien. Als er einmal in Rußland gastierte, gefiel ihm das Musikstück eines unbekannten jungen Komponisten, Tanz der Mägde, so gut, daß er es in Kiew uraufführte und dadurch dazu beitrug, Tschaikowsky in Rußland bekannt zu machen. Dieser wiederum wurde durch die Strauß'sche Musik angeregt, seine berühmten Walzer zu komponieren, die zu Leitmotiven in seinen Ballettwerken wurden.

Postalisches: Sohn (175) und Vater (174) wurden zu Geburts- und Todestagen nur auf österreichischen und monegassischen Marken geehrt. Eine Szene aus der Operette Fledermaus ist im Kapitel Szenenbilder aus Oper und Operette dargestellt.

Karl Millöcker (1842–1895) ist ein Meister der klassischen Wiener Operette (176). Der Bettelstudent, Gasparone, Gräfin Dubarry und Der arme Jonathan gehören zu seinen bekanntesten Werken. Eine Szene aus dem Bettelstudent ist im Kapitel Szenenbilder aus Oper und Operette gezeigt.

173

174

175

176

177

178

179

180

182

183

184

181

Der Wiener Komponist *Carl Michael Ziehrer* (1843–1922) schrieb zahlreiche beliebte Operetten, wie: Die Landstreicher, Ball bei Hof, sowie etwa 600 Märsche und Tänze (z.B. Donauwalzer, Weaner Madln). Ihn zeigt die Marke (177).

Joseph Schrammel (1852–1895) gründete 1877zusammen mit seinem Bruder Johann ein Quartett 'D'Schrammeln' und führte damit die noch heute beliebte volkstümliche und gefühlsselige Wiener Gartenmusik ein, mit den typischen Instrumenten: zwei Geigen, Gitarre und Ziehharmonika (178).

Franz Lehárs (1870–1948) weltbekannte Operetten drücken ähnlich wie die Strauß'schen Walzer die Fröhlichkeit des Wiener Geistes aus (179). Selbst wer Das Land des Lächelns, Der Graf von Luxemburg oder Die lustige Witwe zum ersten Mal hört, kann die Melodien kaum wieder vergessen. Die Frische und der Charme seiner Musik werden noch lange die Menschen erfreuen.

Nichtsdestoweniger meinte der Wiener Komponist der Operette Der Opernball, R. Heuberger (1850–1914): „Dieser Kapellmeister mag ein ganz guter klassischer Dirigent sein – von Walzern versteht er nichts."

Eine Szene aus der lustigen Witwe ist im Kapitel Szenenbilder aus Oper und Operette gezeigt.

Die erfolgreichsten der insgesamt 20 Operetten des Komponisten *Leo Fall* (1873–1925) sind: Der fidele Bauer, Der liebe Augustin, Die Rose von Stambul, Die Dollarprinzessin, Madame Pompadour sowie das Singspiel Brüderlein fein (180).

Der Ungar *Emmerich Kálmán* (1882–1953) schrieb während seines Wiener Aufenthaltes u.a. die weltbekannten Operetten Gräfin Maritza, Die Czardasfürstin und Die Zirkusprinzessin, in denen so bekannte Lieder vorkommen wie: Machen wir's den Schwalben nach, Komm Zigán, Grüß mir mein Wien (181).

Robert Stolz (1880–1975), der die Wiener Operettentradition fortsetzte, war ein begeisterter Briefmarkensammler und schrieb sogar einen Philatelisten-Walzer. Trotz vieler Arbeit fand er stets Zeit, sich mit seinen Marken zu beschäftigen, „um für knappe Stunden in meiner Phantasie Weltreisen zu unternehmen" (182). An einen Freund schrieb er: „Erst ahnte ich es, und dann wußte ich es, daß richtige Philatelisten im tiefsten Innern auch musische Menschen sind, da viele der bunten Bildchen die Seele zum Schwingen und Klingen bringen – so wie das bei mir der Fall ist."

Neben seinen beliebten Operetten, wie Tanz ins Glück und Zwei Herzen im Dreivierteltakt, schrieb er mehr als 2000 Lieder und 1919 den ersten europäischen Foxtrott: Salome.

Eine Szene aus seiner Operette Zwei Herzen im Dreivierteltakt ist im Kapitel Szenenbilder aus Oper und Operette dargestellt.

Postalisches: Bei der erwähnten Marke (182) handelte es sich um eine einmalige Auszeichnung der österreichischen Postverwaltung, nach deren Vorschrift Postwertzeichen nicht zum Denkmal noch lebender Personen – Bundespräsidenten ausgenommen – gemacht werden dürfen. Die von seiner Witwe Einzi gestiftete Robert Stolz Trophy for Music Philately wird seit einigen Jahren für die graphisch schönste Briefmarke zum Thema Musik verliehen. Auswahl und Verleihung finden unter der Ehrenpräsidentschaft von Yehudi Menuhin statt. Den Preis erhielten 1982 der französische Graphiker Eugène Lacaque für seine Entwürfe der Emission zum 225. Geburtstag von W. A. Mozart und 1983 der Graphiker D. Pilch für seine im Mai 1982 von Österreich herausgegebene Haydn-Marke. Die auf dem Buchumschlag gezeigte französische Bach-Marke wurde von J.P. de le Doux entworfen, der 1981 den Preis dieser Stiftung verliehen bekam.

Zwei Berliner Komponisten, die besonders durch ihre Operetten bekannt sind, wurden von der Bundespost Berlin auf Sondermarken gewürdigt:

Paul Lincke (1866–1946), Urberliner und Schöpfer von Berliner Operetten, wie Frau Luna, Im Reich des Indra, Lysistrata, wurde mit dem Glühwürmchenidyll über die Grenzen Deutschlands hinaus bekannt (183). Er komponierte viele beliebte Melodien, die die Welt eroberten, wie: Schlösser, die im Monde liegen, Das ist die Berliner Luft.

Walter Kollo (1878–1940), dessen Name eigentlich Kollodziezski war, komponierte nicht nur Operetten, wie: Frau ohne Kuß oder Die tolle Komteß, sondern auch Gassenhauer und beliebte Berliner Schlager, u. a. Berlin bleibt doch Berlin, Das war in Schöneberg (184). Er wurde, seinem Wunsche entsprechend, neben Lortzing in Berlin begraben.

Die Menschen stets mit Sünden ringen,
es sei denn, daß sie Hymnen singen;
dann wölbt sich weit die Heldenbrust,
und keiner denkt an Sinnenlust.

NATIONALHYMNEN

Einige Staaten haben die Komponisten ihrer Nationalhymnen postalisch geehrt. Die Marken (185) bis (193) bilden Beispiele hierfür. Nationalhymnen sind die einzigen Musikstücke, die offiziell nur im Stehen angehört werden dürfen; sie sind musikalische Staatsflaggen und werden bei feierlichen Anlässen und bei weniger feierlichen Sportbegebenheiten gleichzeitig in verschiedenen Tonarten gesungen, um das Staatsbewußtsein zu fördern. Warum sie in manchen Ländern von Rundfunk- und Fernsehsendern nach Beendigung der Programme jede Nacht gespielt werden, wissen wohl nur die dafür Verantwortlichen.

Von Zeit zu Zeit muß in einem Land aus politischen Gründen eine neue Hymne verfaßt oder zumindest der Text geändert werden. Als ein Zeichen der Kontinuität wird dagegen seit 1743 unverändert in etwa 20 Ländern die dem englischen Königshaus gewidmete Nationalhymne God save the King (Queen) gesungen, manchmal auch zusammen mit eigenständigen Hymnen, wie beispielsweise O Canada. Der Zusammendruck (185) zeigt einen Notenausschnitt mit Textdichter und Komponisten. Die Melodie von God save the King wurde auch von der Schweiz und Liechtenstein als Nationalhymne mit deutschem Text übernommen. (Schweiz: Rufst Du, mein Vaterland; Liechtenstein: Oben am deutschen Rhein lehnet sich Liechtenstein). Im Deutschland des Kaiserreichs sang man nach ihr Heil Dir im Siegerkranz.

Die Nationalhymnen demokratischer Staaten haben choralartigen Charakter, jene der sozialistischen Länder sind dagegen meist aggressiv und fanfarenartig. Eisler übernahm das Grundthema des von Peter Kreuder komponierten und einst von Hans Albers gesungenen Schlagers Good bye, Jonny. Er transponierte es 1949 in ein feierliches Chorwerk, das zur Natinalhymne der DDR erhoben wurde. Als Kreuder seinen Schlager während eines Besuches 1976 in der DDR spielen ließ, erhoben sich die andächtigen Zuschauer von ihren Plätzen. Eisler, als ein Meister dieser Praxis, hat in vielen seiner Liedern die Melodien anderer Komponisten übernommen, was ihn sicher dazu prädestinierte, den Aufsatz: „Die Kunst zu erben" (!) zu schreiben.[10] Der DDR-Bürger darf seine Hymne inzwischen nicht mehr singen, da J.R. Bechers Worte „Deutschland, einig Vaterland" bei der derzeitigen Führung unerwünscht sind. Auch dem bundesdeutschen Bürger ist der Text des Deutschlandliedes nach dem Ende des zweiten Weltkriegs stark beschnitten worden; „Deutschland, Deutschland über alles" klang zu überheblich, obwohl der Dichter es natürlich so nicht gemeint hatte. Das russenfeindliche polnische Trotz- und Nationallied 'Noch ist Polen nicht verloren' wurde bärenfreundlich geändert. Auch die Russen mußten auf den Teil des Textes ihrer Nationalhymne verzichten, der dem 'Großen Vorbild Stalin' gewidmet war, als sich herausstellte, daß solche 'Größe' bei näherer Beleuchtung schrumpfen kann.

Die einzige von einem klassischen Komponisten – nämlich Haydn – geschriebene Nationalhymne ist die alte österreichische, Gott erhalte Franz, den Kaiser. Diese Melodie, die in einem seiner Streichquartette wiederkehrt, wurde auch für die deutsche Nationalhymne mit dem Text von Hofmann von Fallersleben: Deutschland, Deutschland über alles übernommen. In Österreich sang man die Haydn-Hymne nur bis zum Ende des ersten Weltkrieges. Kienzl erhielt 1920 den Auftrag, zum Text Karl Renners (Deutsch-Österreich, Du herrlich Land) eine neue Nationalhymne zu komponieren. Nach dem zweiten Weltkrieg wurde ein unpolitischer Text: Land der Berge, Land am Strome zu einer Melodie des Schlußthemas von Mozarts kleiner Freimaurer-Kantate für die dritte Hymne geschrieben. Sie kann wohl, wenigstens solange es die Umwelt erlaubt, noch einige Zeit beibehalten werden.

Die Hymnengeschichte der Deutschen ist ebenfalls recht bewegt: Ab 1841 singt man das Deutschlandlied, ab 1855 Was ist des Deutschen Vaterland, ab 1870 Die Wacht am Rhein, dann die Kaiserhymne des zweiten Reiches, Heil Dir im Siegerkranz. Im Jahre 1922 wird das Deutschlandlied wieder eingeführt, zu dem nach 1933 Die Fahne hoch hinzukommt. Nach dem zweiten Weltkrieg geht es zurück zum Deutschlandlied, von dem jetzt aber nur die dritte Strophe gesungen werden darf.

Vielleicht wäre es für alle Länder besser, dem Vorbild Griechenlands zu folgen, dessen Nationalhymne von *N. Mantzaros* (1795–1873) komponiert (186) und von D. Salomos mit 158 Vierzeilern betextet wurde. Aus einer ähnlichen Fülle könnten sich die jeweilig regierenden Politiker die ihnen genehmen Strophen auswählen. Die griechische Hymne beginnt mit der grausig klingenden Zeile: „Ich erkenne Dich an der furchtbaren Schneide des Schwertes", die während des Befreiungskrieges gegen die Türken verfaßt wurde.

Einige Komponisten haben Nationalhymnen für ihre Programm-Musik verwendet: Beispiele hierzu sind die festlichen Gelegenheitsstücke von Beethoven und Tschaikowsky, die versucht haben, Schlachtengetümmel und das Hochgefühl des Sieges musikalisch zu beschreiben. In Beethovens 'Wellingtons Sieg oder die Schlacht bei Vittoria' wird nicht nur God save the King im siegreichen Finale zu einem mächtigen Fugato verarbeitet, sondern auch das vorangehende donnernde Schlachtengetöse mit 188 Musketen- und Kanonenschüssen dargestellt. Mit der 1812-Ouvertüre feierte Tschaikowsky als guter russischer Patriot den Rückzug und die Vernichtung des französischen Heeres. Auch hier handelt es

185

188

186

187

193

190

189

191

192

sich wie bei allen Schlachtmusiken um ein lärmendes Effektstück, in dem die beiden feindlichen Mächte sinnfällig durch ihre Nationalhymnen – die Marseillaise bzw. Gott sei des Zaren Schutz – charakterisiert werden. Nach wilder Schlachtmusik, in der sich die französische Hymne eine Zeitlang behauptet, kündet schließlich ein mit höchster Kraft geschmettertes Allegro vivace den Sieg mit der Zarenhymne an. Der Kanonendonner wird im allgemeinen durch Schlaginstrumente imitiert. Im Juli 1983 machte das Heeresmusikkorps der Bundeswehr anläßlich eines Sommerballes im Schloß Oranienstein wieder einmal ernst – mit zwei im Park aufgestellten Kanonen, die genau zu dem Zeitpunkt, den Tschaikowsky vorschrieb, elektronisch gezündet ihre 16 Schüsse ballerten.

Zum 100. Geburtstag der Komponisten ihrer Nationalhymne wurden *P. Figueredo* (187) von Cuba und *A.F. Braga* (188), der Schöpfer der 'Hymne an die Fahne', von Brasilien geehrt.

Chile gedachte zum 100. Jahrestag seiner ehemaligen Nationalhymne des Komponisten *R. Carnicer* auf einer Sondermarke (189), deren Text (Aufgehört hat der blutige Kampf) von E. Lillo stammt.

In Ungarn spielte man anstelle einer feierlichen Nationalhymne den Rákóczy-Marsch, der von *J. Bihari* (1764–1827) komponiert sein soll (190) und den H. Berlioz (91) in seine Oper Fausts Verdammnis übernahm. Dieser 'Nationalmarsch' wurde später durch die 1845 von *F. Erkel* (112) komponierte Hymne abgelöst: Gott segene Ungarns Volk.

Aus dem Singspiel Die Kirchweih von *František Škroup* (1801–1862) wurde ein Lied zur tschechischen Nationalhymne 'Wo ist mein Heim' gewählt, das wie dessen andere Kompositionen weniger vom tschechischen als dem deutschen Charakter der Romantik geprägt ist (191).

Der Komponist der finnischen Nationalhymne Maamme (Unser Land) ist der in Hamburg geborene und von Spohr ausgebildete *Friedrich Pacius* (1809–1891), Marke (192). Er hat auch andere vaterländische Gesänge sowie Kantaten und Opern komponiert und ließ sich als Vater der finnischen Musik feiern. Nach seinem Tode meinte Sibelius im Hinblick auf die übertriebenen Nachrufe: „Bei allem Respekt, ich vermag nichts anderes in der Musik von Pacius zu entdecken, als Erinnerungen an die italienische und deutsche Oper."

Auch internationale Hymnen wurden komponiert. Eine davon ist ein kommunistisches Kampflied, das 1918 die russische Zarenhymne ablöste und bis 1944 in der Sowjetunion als Nationalhymne gesungen wurde. Es ist die Internationale mit dem deutschen Text „Wacht auf, Verdammte dieser Erde". Die Melodie schrieb der französische Komponist und Leiter eines Arbeiterchores, *Pierre Degeyter* (1848–1932), der auf der Marke (193) zu sehen ist.

Wesentlich schöner in Text und Melodie ist die Europahymne: Freude, schöner Götterfunke (Text von Schiller, Musik von Beethoven).

Furtwängler ist ein völlig hoffnungsloser Fall; nie kann er ein brauchbarer Kapellmeister werden.

R. Louis

Die Ausführenden

DIRIGENTEN

Vorbetrachtung

Wie das Publikum ein Musikwerk aufnimmt, hängt wesentlich vom Können der Interpreten ab. Besitzt der ausführende Künstler, sei er Dirigent, Instrumental- oder Vokalsolist, zusätzlich große persönliche Ausstrahlung, wird er die Zuhörer besonders fesseln. Zu den wichtigsten Ausführenden gehören die Orchesterdirigenten, die dem Klangkörper das vermitteln, was der Komponist nach ihrer Auffassung ausdrücken wollte. Gute Dirigenten können den Hörern ein Werk näherbringen als das Orchester es allein vermag. Dies wird besonders deutlich, wenn man beispielsweise im Fernsehen Dirigenten und Orchester in Großaufnahmen beobachtet.

Wie stark die Qualität eines Orchesters vom Können des Dirigenten abhängt, erklärte W. Furtwängler in seinem Buch 'Vermächtnis': „Es gibt Dirigenten, unter denen die kleinste Dorfkapelle spielt, als seien sie die Wiener Philharmoniker, und es gibt solche, unter denen selbst die Wiener Philharmoniker klingen wie eine Dorfkapelle." Da es besonders für neue Werke notwendig ist, das Orchester richtig anzuleiten und dem Publikum die Musik verständlich zu machen, sind fast alle Komponisten auch Dirigenten gewesen und konnten Erfolg oder Mißerfolg ihrer Premieren miterleben.

Würdigungen

Der mit einer Notenrolle dirigierende *Carl Maria von Weber* ist in verschiedenen Posen auf der Marke (194) gezeigt. Die mittlere Darstellung wurde nach einer zeitgenössischen Lithographie von J. Hayter entworfen, die den todkranken Komponisten als Dirigent seiner Oper Freischütz in Covent Garden zeigt. Der schlanke und kurze Holz- oder Elfenbeinstab wurde erst Anfang des 19. Jh.s eingeführt. Im 17. und frühen 18. Jh. dirigierte man mit einem langen kugelbeschwerten Stab, der im Takt auf den Boden gestoßen wurde, siehe Lully S. 21. In der Übergangszeit bis zur Einführung des heutigen Taktstockes war die Notenrolle allgemein üblich.

Ein anderer Komponist-Dirigent war *Richard Strauss* (195), der als Orchesterleiter sehr gefragt war. Das gleiche gilt für *Robert Stolz*, der als Dirigent auf der Marke (197) gezeigt ist.

Wilhelm Furtwängler (1886–1954) hat als Chefdirigent den Berliner Philhamonikern zu solchem Weltruhm verholfen, daß es heute für jeden Dirigenten eine Ehre ist, sie zu leiten (196). Auch Furtwängler war nicht gegen Vorurteile gefeit: Er lehnte – im Gegensatz zu den heutigen Dirigenten – die Konservierung von Musik auf Schallplatten ab; seiner Meinung

194

196

195

197

200

201

202

198

199

nach sollte man Beethoven nicht zum Frühstück genießen können. Neben seiner Tätigkeit in Berlin leitete er als Gastdirigent die bedeutendsten Orchester der Welt, darunter die Wiener Philharmoniker und das Leipziger Gewandhausorchester. Er ist als hervorragender Interpret der Musik des 19. Jh.s in die Geschichte eingegangen.

Eigene Kompositionen schrieb Furtwängler im klassisch-romantischen Stil. Er verfaßte auch mehrere musiktheoretische Schriften.

Ein temperamentvoller Dirigent von Weltruf war Furtwänglers Zeitgenosse *Arturo Toscanini* (1867–1957), der seinen Ruf an der Mailänder Scala begründete und später die Leitung der Metropolitan Opera und des Philharmonischen Orchesters in New York übernahm (198).

1931 mußte Toscanini seine Heimat verlassen, da er sich geweigert hatte, die faschistische Hymne Giovinezza zu dirigieren. Orchestermusiker und Sänger zitterten vor dem 'Podiumtyrannen' und seiner Autorität; er stellte die Verpflichtung der genauen Interpretation eines Werkes rücksichtslos über alles andere. Toscanini, der auch einer der Hauptdirigenten der Bayreuther und Salzburger Festspiele war, meinte von sich: „Ich bin kein Genie. Ich habe nichts geschaffen. Ich spiele nur die Musik anderer Leute." Das jedoch konnte er so gut wie nur wenige.

Ralph Vaughan-Williams (1872–1958), auf der Marke (199) als Dirigent gezeigt, ist der größte Komponist moderner englischer Musik. Er war Ravels einziger Schüler und komponierte beachtliche Werke, die stark von der englischen Volksmusik beeinflußt sind. Außer seinen Sinfonien sind die Fantasia on a Theme by Tallis sowie die Norfolk Rhapsody No. 1 besonders schöne und typische Beispiele der neuen englischen Musik. Viele Komponisten, wie Vaughan-Williams, Mahler, Bruckner, Schubert und Beethoven, starben nach Beendigung ihrer neunten Sinfonie, was Schönberg zu der Bemerkung veranlaßte: „Die eine Neunte geschrieben haben, standen dem Jenseits zu nahe."

Sir Thomas Beecham (1879–1961), Autodidakt und englischer Dirigent, beendete 1932 seine 4-jährige Tätigkeit als Chefdirigent des London Symphony Orchestra und gründete 1946 das London Philharmonic Orchestra, das er zu Weltruhm führte (200).

Die deutschen Dirigenten *Hermann Abendroth* (201) und *Günther Ramin* (202) wurden auch auf Briefmarken geehrt. Abendroth (1883–1956) war als Kapellmeister in Lübeck, Generalmusikdirektor in Köln sowie als Dirigent des Leipziger Gewandhausorchesters bekannt und Ramin (1898–1956) als Chordirigent, Organist und Komponist von Orgelwerken.

Postalisches: Nur Toscanini wurde von der italienischen Postverwaltung durch Herausgabe der Marke (198) zum genauen Datum seines 100. Geburtstages geehrt. Die Gedenktage aller anderen Dirigenten stimmen mit den Ausgabedaten nicht überein.

ORCHESTER UND MUSIKSTÄTTEN

Vorbetrachtung

Es ist eine betrübliche Tatsache, daß vom größten Unternehmen Europas, der deutschen Bundespost, zwar häufig Zuschlagmarken für Spitzensportler herausgegeben werden, was u. a. dazu führt, daß 25–30-jährige bereits ein Vermögen besitzen, von dem andere ein Leben lang nur träumen können, für die Förderung der Musik jedoch keine. Ohne erhebliche staatliche, kommunale und private Unterstützung kann aber kein Orchester oder Theater existieren. Es ist notwendigerweise der Steuerzahler, der dem Musikliebhaber – unbeabsichtigt – niedrige Eintrittspreise ermöglicht. Selbst wenn einzelne Mitglieder eines Orchesters Konzerte geben, im Fernsehen auftreten oder Schallplatten bespielen, wirkt sich dies nicht subventionsmindernd aus, da die zusätzlichen Einnahmen in die Taschen der Musiker fließen. Die Tatsache, daß Opernhäuser, Orchester und Theater keine sich selbst erhaltenden Unternehmen sind, mag dazu beitragen, daß viele avantgardistische oder moderne Stücke geboten werden, die sich als leere Experimente erweisen: Wenn das Publikum wegbleibt, erhöht man eben die Subventionen.

Das moderne Orchester entstand im 17. Jh. mit dem Herauswachsen der Instrumentalmusik aus der Sphäre des Kammermusikalischen. Seine Größe richtet sich allein nach der Forderung des Komponisten. Im gleichen Maße, wie die Musikwerke von Haydn, Mozart und Beethoven bis zu Wagner, Mahler, Strauss und Strawinsky an Breite und Komplexität zunahmen, wuchsen Größe und Ausdruckskraft der Orchester. Abgesehen von Kammermusikorchestern mit einer unterschiedlichen Zahl von Solisten (Duo, Trio, Quartett usw.) unterscheidet man heute für ernste Musikdarbietungen hauptsächlich Opern- und Sinfonieorchester. Während Lullys Opernorchester nur 30 Musiker zählte, benötigte Wagner etwa 200 Jahre später eines mit 130 und Strauss für die Elektra eines mit 125 Mitwirkenden. Das Te Deum von Berlioz erfordert neben der Orgel im Orchester 100 Geigen und 3 Chöre!

Die Entwicklung des klassischen Sinfonieorchesters ist das Verdienst von Stamitz; es wurde von Haydn und Mozart verfeinert und wuchs von 16 bis auf 60–70 Mitwirkende. Das heutige Sinfonieorchester besteht durchschnittlich aus 94 Mitgliedern. Fast doppelt so groß muß ein Orchester sein, das die Alpensinfonie von Strauss spielen will. Den Rekord hält Mahlers 8. Sinfonie, für deren Aufführung 1000 Mitwirkende nötig sind, von denen mehr als die Hälfte von einem Chor gestellt werden. Als Johann Strauß (Sohn) 1872 in Amerika weilte, mußte er ein Orchester mit 1087 Mitwirkenden und dazu noch großen Chören mit Hilfe von 10 Subdirigenten leiten. In der Zeit Bachs und Händels bestand das Orchester aus etwa 30 Musikern. Den Grundstock bildete der vom Cembalo, mitunter auch dem Fagott gestützte Streichkörper, zu dem je nach den Anordnungen des Komponisten Holzbläser (im allgemeinen 2 Flöten, 4 Oboen) und Blechbläser (2 Trompeten, 4 Hörner) hinzutraten. Viele Werke beschränkten sich auf den reinen Streichkörper. Händel standen beispielsweise 6 erste, 6 zweite Violinen, 3 Bratschen und 3 Violoncelli zur Verfügung. Bach mußte oft mit weniger Streichern auskommen. Der auf ein geringes Klangvolumen begrenzte Orchesterklang wird von den heutigen, im Gefolge der Barockrenaissance entstandenen Kammerorchestern nachvollzogen. Nicht nur wesentlich mehr Mitwirkende, sondern auch eine größere Differenzierung der Besetzung zeigt das heutige große Sinfonieorchester: 18 erste, 14 zweite Geigen, je 10 Bratschen und Celli, 8 Kontrabässe, 4 Flöten, je 3 Oboen, Klarinetten und Fagotte, 6 Hörner, 4 Trompeten, 3 Posaunen, 1 Baßtuba, 1 Harfe, 4 Pauken, 1 Becken und 1 Glockenspiel.

Aus den vorangegangenen Betrachtungen kann man erkennen, daß ein Mozart'sches Klavierkonzert heute völlig anders klingt als zu seinen Lebzeiten. Im Orchester selbst sind jetzt nicht nur mehr Streicher und Bläser, sondern die Instrumente haben auch einen härteren, lauteren und durchdringenderen Klang als zu Mozarts Zeiten. Das Piano ist heute ein riesiger Konzertflügel mit volltönenden Bässen, der keinen Vergleich mit dem zartklingenden Mozartflügel (s. S. 136) gestattet. Das bedeutet aber, daß das klangliche Erlebnis heute sehr verschieden von dem des 18. Jahrhunderts ist. Trotz wesentlich besserer Raumakustik als früher, würde, dem heutigen Zeitgeschmack entsprechend, ein Mozartsches Orchester in den großen Konzertsälen nicht genügend raumfüllend und deshalb 'dünn' klingen.

Würdigungen

Zu den hervorragenden Orchestern und Musikstätten, die auf Marken gewürdigt sind, zählen die Berliner (204) sowie die Wiener Philharmoniker (207) und Symphoniker (208), die im Gegensatz zu anderen berühmten Orchestern reine Männerklubs sind. Trotz einiger Versuche des Berliner Managements, Solistinnen einzustellen, wurde dies in Orchesterversammlungen vorerst prompt abgelehnt. Damit schwebt weiterhin die Wolke der Frauenfeindschaft über einigen Klangkörpern, die ihre 'Reinheit' erhalten wollen. Vielleicht sollten sie aus den amüsanten Erfahrungen des Musikliebhabers G.B. Shaw lernen, der nach der englischen Erstaufführung von Schumanns Genoveva mit den Schülern des Royal Colleges meinte: „Es (das Orchester) repräsentierte den bei weitem glanzvollsten Teil des Hauses, da nämlich von den 50 Streichern 35 junge Frauen waren und größtenteils so reizend, daß diesmal das Orchester im Durchschnitt über mehr körperliche Anziehungskraft verfügte als die Bühne".

Das Leipziger Gewandhaus ist auf der Marke (206) abgebildet. Die offizielle Gründung des bürgerlichen Leipziger Gewandhausorchesters fand zwar erst 1781 statt, doch wurden bereits 1743 Abonnementskonzerte für die Bürger gegeben. Bis dahin waren die Darbietungen der Hoforchester nur feudalen Kreisen zugänglich. Besonders Mendelssohn machte später das Gewandhausorchester weltbekannt, und viele große Musiker wie Chopin, Berlioz, Nikisch, Furtwängler, Walter und Abendroth mehrten, falls das überhaupt noch möglich war, den Ruhm des Orchesters. Die Marke (206) zeigt das 1882/84 erbaute, 1943 stark zerstörte Neue Leipziger Gewandhaus. Tschaikowsky, der während einer Tournee dort auch ein Konzert gab, sagte, daß es „den herrlichsten Konzertsaal der Welt" hätte.

Obwohl der bekannte Dirigent und Musikdirektor des Chicago Symphony Orchestra, Georg Solti, erklärte, daß amerikanische Orchester ohne Zweifel jedem anderen, mit Ausnahme von vielleicht ein oder zwei europäischen, überlegen seien, wurde bisher nicht eines der 'Big Five' auf amerikanischen Gedenkmarken gewürdigt. Die großen Fünf sind: New York Philharmonic, Boston- und Chicago Symphony, Cleveland- und Philadelphia Orchestra. In letzter Zeit haben auch andere Orchester Weltruhm erlangt, wie das Los Angeles Philharmonic Orchestra, das mit 85 Männern und 19 Frauen besetzt ist (Probleme mit Musikerinnen kennt man in den USA nicht).

Das erste öffentliche Operntheater wurde 1637 in Venedig gegründet. Bis zum Ende des Jahrhunderts gab es dort bereits acht Logentheater. Gespielt wurde zuerst nur in den drei Monaten der Karnevalszeit von Weihnachten bis Ende März. Im 17. Jh. entstanden Hofopern in Wien, München, Dresden, Hamburg. Das erste Opernhaus, das gegen Eintrittsgeld der

203

204

205

207

206

208

209

211

210

212

213

Öffentlichkeit zugänglich war, wurde 1690 in Braunschweig fertiggestellt. Erst seit Mitte des 18. Jahrhunderts gibt es Opernhäuser in Berlin und Bayreuth.

Auf Marken erschienen das Tyl-Theater, in dem Mozarts Don Giovanni 1787 uraufgeführt wurde (212), die Staatsoper Wien (213), das Opernhaus Monte Carlo (210), die Londoner Royal Opera (209) und die beiden Berliner Opernhäuser: die Staatsoper (205) und die Deutsche Oper (203). Eine Innenaufnahme der Mailänder Scala, in der sieben Opern von Verdi uraufgeführt wurden, zeigt (211).

> Tonkünstler sind leichtsinnige, sinnliche Naturen. Die Musik erregt Gefühle, die die Sinnlichkeit aufregen, mehr die Phantasie als die Vernunft beschäftigen. Deshalb gibt es unter den Musikern so viel verderbte Menschen.
>
> Adolf Freiherr v. Knigge

INSTRUMENTALSOLISTEN

Vorbetrachtung

Das überragende Können der Instrumentalsolisten kann nur derjenige ermessen, der selbst versucht hat, ein virtuoses Werk zu spielen. Wer beispielsweise Chopins herrliche Etüde Opus 25, Nr. 11 seinen Fingern vertraut machen will, bekommt ein Gefühl dafür, welch unglaubliches Maß an Virtuosität ein Pianist besitzen muß, um so viele Noten mit so großer Geschwindigkeit hintereinander spielen zu können, damit sie zu einem schimmernden Klangbild verschmelzen.

Früher ließen die Komponisten den Solisten einige Freiheit, die Werke mit Verzierungen zu 'verschönen'. Häufig flochten sie Arpeggien[y], Passagen, Kadenzen und Trillerketten ein, die bei eitlen Künstlern in geschwätzige Selbstdarstellungen ausarteten. Dadurch wurden die Themen verzerrt und langweilig. Trotz allen Könnens des Solisten wartete man sehnsüchtig auf das hinausgezogene Ende des Musikstückes. Aus diesem Grund unterbanden Mozart und Beethoven solche 'Egotrips' und schrieben meist selbst die Kadenzen. Nur in seinem Violinkonzert hat Beethoven dem Geiger die Schnörkelfreiheit belassen, was zu einer Flut von mehr als 30 verschiedenen Kadenzen führte, von denen die von Joachim und Kreisler komponierten am beliebtesten sind.

y Arpeggien sind harfenähnliche Akkorde, bei denen die einzelnen Töne in kurzer Folge hintereinander gespielt werden.
Passagen sind auf- oder absteigende rasche Tonfolgen, welche die Melodie unterbrechen.
Kadenzen sind ornamentreiche virtuose Wiederholungen einer Melodie, mit einer zum Abschluß führenden Folge von Akkorden.
Trillerketten sind eine Serie von Trillern innerhalb einer Folge von Haupttönen.

214

215

216

217

218

219

223

221

222

220

Der Genius eines Komponisten überragt zwar den seiner Interpreten, jedoch ist die Beliebtheit einiger Solisten, die es zu höchster Virtuosität brachten, größer als die vieler Tondichter. Wenn Toscaninis Schwiegersohn Vladimir Horowitz oder Artur Rubinstein ein Konzert gaben, so war es nicht so wichtig, wessen Kompositionen sie vortrugen, man wollte die Künstler hören. Jumbo-Jets, gechartert für deutsche Musikenthusiasten, ermöglichten transatlantische Konzertreisen zu diesen Interpreten, weil sie hier nicht auftraten.

> Gelegentlich spiele ich Werke zeitgenössischer Komponisten und zwar aus zwei Gründen: Erstens, um den Komponisten zu entmutigen, mehr zu schreiben, und zweitens, um mich daran zu erinnern, wie sehr ich Beethoven liebe.
>
> Jascha Heifetz

Virtuosen

Einer der größten Violinvirtuosen war der 'Teufelsgeiger' *Niccolò Paganini* (1782–1840), der sein erstes öffentliches Konzert bereits mit 11 Jahren gab (214). Nur er selbst konnte seine Kompositionen zu unvorstellbar quirligem Leben erwecken. Die meisten Werke Paganinis sind auf seine eigene ans Wunderbare grenzende Virtuosität, unterstützt durch seine anormal langen Finger, abgestimmt, wie auch seine effektvollen Variationen, die mit fast unlösbaren Schwierigkeiten überladen sind. Mit seinem effekt- und affektbetonten Spiel popularisierte Paganini auch jene Werke, die vor ihm wegen zu großer Schwierigkeiten nicht aufgeführt wurden. Eines seiner beliebtesten Schaustücke war es, gleich anfangs die drei oberen Saiten nacheinander zerspringen zu lassen und dann nur noch auf der G-Saite zu phantasieren. Sein brilliantes Spiel verzauberte die Zuhörer, was zusammen mit seiner äußeren Erscheinung, den schwarzen, strähnigen, schulterlangen Haaren, dem bleichen, wächsernen Gesicht, dem schwarzen Umhang, den Glauben schürte, er sei mit dem Teufel im Bunde. Sein Begräbnis in geheiligtem Boden wurde erst 36 Jahre nach seinem Tode vom Papst genehmigt, nach weiteren 20 Jahren ist er dann endgültig in einem Ehrengrab beigesetzt worden.

Henri Vieuxtemps (1820–1881) trat bereits mit sieben Jahren öffentlich als Geigenspieler auf. Später hat er auf seinen Reisen die Welt als ausdrucksvoller Virtuose begeistert und war sechs Jahre lang Soloviolinist am Hofe des russischen Zaren (219). Seine bekanntesten Kompositionen sind die Violinkonzerte in a- und d-moll; besonders in dem letzteren ist der Einfluß Paganinis erkennbar.

Die großen Geigenvirtuosen *Josef Slavik* (1806–1833) und *Henryk Wieniawski* (1835–1880) wurden auf den Marken (217) und (216) geehrt. Chopin, der mit Slavik eng befreundet war, meinte: „Abgesehen von Paganini habe ich noch nie dergleichen gehört. Mit einem einzigen Bogenstreich bewältigt er 96 Stakkatonoten.“ Wieniawksi komponierte nicht nur zwei Violinkonzerte und mehrere virtuose Vortragswerke im romantischen Stil, sondern galt auch als einer der größten Geigenvirtuosen seiner Zeit. Er unternahm zusammen mit A.G. Rubinstein zwei Jahre lang ausgedehnte Konzertreisen.

Viele Musiker, z.B. Chopin, Liszt und Paganini, erlangten Weltruhm sowohl als Komponisten wie auch als Instrumentalsolisten. Das gilt auch für den großen Pianisten *A. G. Rubinstein* (1829–1894), der sich auch als Komponist einen Namen machte und das Petersburger Musikkonservatorium gründete (215). Zu seiner Oper Nero schrieb allerdings Brahms: „Diese Musik ist eine höchst angemessene Darstellung von Neros Charakter – sie ist einfach scheußlich."

Die eigenwillige Spielweise von Rubinstein wurde von Hanslick kritisiert: „'Was ihr wollt' und 'Wie es euch gefällt', diese zwei Shakespear'schen Lustspieltitel paßten nicht für die Concertprogramme Rubinsteins; er spielte 'Was ich will' und 'Wie es mir gefällt'"!

Die Ausgabe des Duden-Lexikons versucht, der kyrillischen Schreibart strikt zu folgen und 'Rubinschtein' einzuführen, was sich wohl nicht durchsetzen läßt, da die übrigen Länder dieser Aussprache und Schreibweise nicht folgen werden.

Der bekannte deutsche Geigenvirtuose und erste Direktor der Hochschule für Musik in Berlin, *Joseph Joachim* (1831–1907), ist nach einer Kreidezeichnung von A. Menzel auf der Marke (218) abgebildet. Ein Beispiel, mit welch gehässiger Schärfe G.B. Shaw auch Solisten verurteilte, zeigt seine Kritik an Joachims Spielkunst: „... Joachim schabte wild drauflos und erzeugte dabei ein Geräusch, neben dem der Versuch, eine Nuß auf der Schuhsohle zu zerreiben, sich wie der Klang einer Äolsharfe ausgenommen hätte. Jene Töne, die überhaupt keine bestimmte Tonhöhe erkennen ließen, waren zumeist falsch. Es war schrecklich!"

Der Spanier *Pablo Sarasate* (1844–1908) war nicht nur ein ausgezeichneter Violinvirtuose, sondern komponierte auch einige Bravourstücke, wie die Carmenphantasie; nur selten spielte er Kompositionen von Paganini, weil er zu kurze Finger hatte. Er reiste viel und war deshalb als 'Reisevirtuose' bekannt (220).

Schließlich sei noch die Königin *Elisabeth von Belgien* (1876–1965) erwähnt, die nicht nur als Landesmutter, sondern auch als Violinsolistin von ihrem Land gewürdigt wurde (221).

Der weltbekannte Violoncellist *Pablo Casals* (1876–1973) wurde auf der Sonderausgabe (222) geehrt. Er war seit seinem 13. Lebensjahr Cellist, später auch Dirigent und Komponist von Orchester- und Kammermusikwerken sowie ein gesuchter und geschätzter Lehrer.

Albert Schweitzer (1875–1965), Theologe, Arzt, Philosoph, Nobelpreisträger und Musiker, bekannt durch seinen aufopfernden Dienst als Missionsarzt in Lambarene, war ein ausgezeichneter Bachinterpret und schrieb grundlegende Arbeiten über J.S. Bachs Schaffen und Persönlichkeit sowie über Verbesserungen im Orgelbau (223).

Beim Duett sind stets zu sehn
zwei Mäuler, welche offen stehn.
W. Busch

VOKALSOLISTEN

Vorbetrachtung

Schon um 100 v. Chr. gab es in Ägypten, Israel, Rom und Griechenland eine Gesangskunst mit Chor- und Solosängern. Aus den Chören, die mit dem Dionysos-Kult entstanden, entwickelten sich in Griechenland nach 470 v. Chr. die ersten Sologesänge. Gesang ist zwar die natürlichste musikalische Ausdrucksform des Menschen, aber es sind nur wenige, deren Stimme wie die von Orpheus Tiere und Pflanzen bezaubert oder wie die der Sirenen, die mit ihrem Gesang die Schiffer unwiderstehlich anlockten.

Von den Rhapsoden, Skalden und Barden bis zu den Minnesängern und Meistersingern waren es ausschließlich Männer, die als Sänger auftraten. Durch wiederholte Erlasse kirchlicher Obrigkeiten war es sogar bis ins 18. Jh. verboten, daß Frauen in Opern mitwirkten. Die Frauenrollen wurden meist von Kastraten aus Kirchenchören gesungen. Das Kastratentum entwickelte sich zu einer ausgesprochenen Modetorheit; weltliche und kirchliche Fürsten boten diesen Sängern große Summen, während die anderen Mitwirkenden oder der Komponist wenig bekamen, der Librettist meist überhaupt nichts. Erwähnt sei das Beispiel des italienischen Koloraturkastraten Gaetano Majorano, genannt Caffarelli (1703–1783), der sich von seinem Einkommen ein ganzes Herzogtum kaufte. Er behielt seinen jugendlichen Koloratursopran bis ins hohe Alter und sang mit 73 Jahren noch vor der Kaiserin Maria Theresia. Dankenswerterweise ist die Zeit des naturwidrigen Kastratentums, welche in Italien sogar bis ins 19. Jh. andauerte, vorüber, sonst hätten wir nie die herrlichen Frauenstimmen der Callas, Lehmann oder Sutherland zu hören bekommen.

Wie hoch die Gesangskultur im 17. und 18. Jh. in Italien gewesen sein muß, kann man daraus ersehen, daß die Ausbildung 10–12 Jahre dauerte. Nach diesem Studium mußte der Sänger eine Höchstleistung an Kraft und Ausdauer, Geläufigkeit, Geschmeidigkeit, dazu einen Riesenumfang an Stimme in absoluter Ausgeglichenheit aller Register erbringen.

Durch die Fortschritte auf dem Gebiet der Elektronik werden im 20. Jh. den Sängern Hilfsmittel zur Verfügung gestellt, die ihnen eine völlig neue Art der Darbietung ermöglichen. Während die Sänger früher nicht nur schöne, sondern darüber hinaus weittragende Stimmen besitzen mußten, können jetzt mittels Verstärkeranlagen über Lautsprecher auch die Modulations- und Ausdrucksfähigkeiten schwächerer Stimmen gehört und bewundert werden. Zwar werden Opern noch ohne diese Hilfsmittel aufgeführt, doch kann man heute schon erkennen, daß die moderne Elektronik und Elektroakustik sehr bald völlige Natürlichkeit der Wiedergabe von Orchestermusik und Stimmen ermöglichen wird, so daß ihrer Einführung nichts im Wege steht.

Volks- und Schlagersänger könnten ohne diese technischen Einrichtungen keine Volksfeste veranstalten oder auf Rock-Festivals und Western-Music-Fan-Fairs zehntausenden von Fans ihre Musik bieten. Die letztgenannte Veranstaltung findet einmal im Jahr in Nashville, Tennessee, statt und dauert fünf Tage. Jeden Tag werden in der ehemaligen Bethalle bis zu 14 Stunden Nonstop-Konzerte gegeben, um die Sänger nicht in Vergessenheit geraten zu lassen und neue Talente zu propagieren. Ihre Lieder, welche die schlechten Verhältnisse der Arbeiter und Kleinbauern wie auch Herzeleid und Liebesglück zum Inhalt

224

226

227

228

225

haben, werden 'weiße' Blues genannt, um sie vom Blues der Schwarzen abzugrenzen. Wie Bayreuth für Wagneranhänger ist Nashville für Country-Music-Fans ein Wallfahrtsort.

Ähnlich wie bei den Instrumentalsolisten gibt es relativ wenige Sänger, die über ihre Landesgrenzen hinaus Weltruhm erlangten. Für die Besten gilt auch hier: Das Publikum kommt, um sie zu hören; was sie singen interessiert weniger.

Opernsänger werden gehört und gesehen, deshalb müssen sie auch schauspielerisches Talent haben. Vor allem aber beeindrucken sie das Publikum mit der Macht ihrer Stimme. Fehlt diese, so kann es beispielsweise einer Sängerin passieren, daß ein Kritiker über sie schreibt: die Nachtigall, die in ihrer Brust schluchze, sei ja wohl sehr winzig, man gebe jedoch unumwunden zu, daß das Vögelein dort ausnehmend hübsch wohne (Le Soir, Brüssel).

Sänger

Enrico Caruso (1873–1921), der größte Operntenor seiner Zeit, vereinte eine prächtige Stimme mit großer Begabung des musikalischen und schauspielerischen Vortrages (224). Wenn auch die damalige Schallplattentechnik eine naturgetreue Wiedergabe nicht erlaubte, so kann man doch die Schönheit seiner Stimme erahnen. Auf der Höhe des Ruhms sang er zusammen mit Nellie Melba (228) in Monte Carlo, dann im Covent Garden in London und schließlich 18 Jahre an der Metropolitan Opera in New York. Dem Nudelfan gedenkt man heute noch mit dem 'Spaghetti Caruso'. Erst 8 Jahre nach seinem Tode erhielt Carusos Witwe die Erlaubnis, den Sarg schließen zu dürfen. Im Block (225) ist er in einer Szene der Oper Die Jüdin dargestellt, 5 Cordoba-Wert.

Maria Callas, in den USA geborene Opernsängerin griechischer Herkunft (1923–1977), ist als Tosca im Block (225) auf dem 1 Cordoba-Wert zu sehen. Sie stellte ihren virtuosen kraftvollen Sopran besonders in den Dienst italienischer Opern und war damit ausschlaggebend an deren Wiederbelebung beteiligt.

Fjodor I. Schaljapin (1873–1938), dessen volltönende Baßstimme und schauspielerisches Talent die weltweite Verbreitung der russischen Oper unterstützte, ist im Block (225) als Boris Godunow gezeigt, 2-Cordoba-Wert. Er emigrierte 1920 ins westliche Ausland und verbrachte die letzten elf Jahre seines Lebens in Paris. Ohne Maske ist er auf Marke (234) nach einem Gemälde von K. Korowin zu sehen.

Auf Block (225) ist das Innere des Opernhauses in Managua dargestellt, aufgenommen mit einer 'Fischaugenlinse'.

Lotte Lehmann (1888–1976), deutsch-amerikanische dramatische Sopranistin, die von 1936–1945 zum festen Ensemble der Metropolitan Opera gehörte, ist als Fürstin im Rosenkavalier auf (226) gezeigt. Sie war nicht nur eine bedeutende Opernsängerin und Liederinterpretin, sondern verfaßte auch einige pädagogische Schriften.

Jenny Lind (1820–1887), Sopranistin, eine der gefeiertsten Sängerinnen ihrer Zeit, ist als die 'schwedische Nachtigall' bekannt. Die Wärme der Stimme sowie die Virtuosität ihres Koloraturgesangs erregten größte Bewunderung in aller Welt.

229

233

230

234

231

232

236

235

Bevor sie ihr erstes Konzert im Leipziger Gewandhaus gab, schrieb ihr Mendelssohn: „Ich werde einige Häuser rosenfarben anstreichen lassen, wenn Ihr wirklich erst da seid. Aber auch ohne das kriegt das ganze Nest durch Euch einen anderen Anstrich." Die Marke (227) stellt sie nach einem Gemälde aus der schwedischen Nationalgalerie dar.

Dame Nellie Melba (eigentlich Helen Armstrong) (1861–1931) war eine gefeierte australische Koloratursopranistin und ist als La Traviata (228) gezeigt. Bis zu ihrem 65. Lebensjahr behielt sie ihre herrliche Stimme. Nach ihr wurde das Eisdessert Pfirsich-Melba benannt.

Joan Sutherland (geb. 1926), australische Opernsängerin, sieht man als Regimentstochter auf Marke (229). Ihr Stimmbereich ist erstaunlich, er reicht vom volltönenden Alt bis zu den höchsten Tönen des Soprans. Ihre Stimme verbindet vollendete Virtuosität und subtile Ausdruckskunst zu einer selten anzutreffenden Einheit.

Lauritz Melchior (eigentlich Lebrecht Hommel) (1890–1974) stand als Wagnertenor von 1924–1931 im Mittelpunkt der Bayreuther Festspiele und galt schlechthin als das Idol eines Heldentenors (230). Melchior bewahrte seine kräftige Stimme über das 60. Lebensjahr hinaus und war damit eine Ausnahme – zumindest nach Hanslicks Ansicht, der resignierend klagte: „Wie früh verlieren die meisten unserer deutschen Tenoristen den Schmelz ihrer Stimme mit ihrem Rauchen, Trinken und Wagnersingen!"

Kirsten Flagstad (1895–1962), norwegische dramatische Sopranistin, wurde erst mit 38 Jahren nach ihrem Auftreten 1933 bei den Bayreuther Festspielen weltberühmt und hatte anschließend an allen Opernhäusern Erfolg. In Chicago sang sie in einem Wagnerprogramm erstmals zusammen mit Lauritz Melchior (230), mit dem sie danach häufig bis 1937 auftrat. Danach entzweiten sich die beiden und trugen ihre Streitigkeiten 8 Jahre lang in der Öffentlichkeit aus. Die Flagstad ist in ihrer Glanzrolle als Isolde auf (231) dargestellt.

Der italienische Bariton *Giuseppe de Lucca* (1876–1970) wurde 1915 an die Metropolitan Opera nach New York berufen und gehörte zu den gefeiertsten Baritonisten seiner Epoche (232). Seine Hauptrollen waren: Jago in Othello, Mefistofeles in Fausts Verdammnis, Rigoletto und Amfortas.

Tito Gobbi, 1913 in Vicenza geboren, debütierte mit 25 Jahren als Germont in La Traviata in Rom (233). Während der Salzburger Festspiele im Jahre 1950 sang er den Don Giovanni und 1957 den Falstaff an der Mailänder Scala unter Herbert von Karajan. Das Repertoire dieses Baritons umfaßte fast 100 Rollen, seit 1962 führt er auch häufig Regie.

Johann Nepomuk Nestroy (1801–1862), österreichischer Bassist, Schauspieler und Schriftsteller (235), trat schon mit 21 Jahren an verschiedenen Bühnen als Sänger und Schauspieler auf. Er schrieb über 80 Bühnenstücke, von denen einige immer noch gerne aufgeführt werden; sie sind gescheiter und komischer als vieles, was heute verfaßt wird.

Leo Slezak (1873–1946) war ein gefeierter österreichischer Opernsänger, Heldentenor, Liederinterpret und Filmschauspieler (236), der die turbulente Wiener Opernzeit G. Mahlers intensiv miterlebte und darüber berichtete. Er war von 1901–1934 Mitglied der Hof- bzw. Staatsoper in Wien und gastierte von 1909–1912 an der Metropolitan Opera in New York.

ANMERKUNG

Damit endet die Aufzählung der sterblichen Interpreten unsterblicher Musik. Glücklicherweise können sie jetzt durch den technischen Fortschritt mit Hilfe von Schallplatten, Ton- und Videobändern unsterblich gemacht werden. Auf Briefmarken wurden nur die Allerbesten geehrt, die nach vollkommener Interpretation strebten und sie auch oft erreichten. Dieses Streben wird von den ausführenden Künstlern leider manchmal übertrieben, so daß emotionelle und visionäre Elemente in brillianter Technik und im Perfektionismus untergehen. Der Musikliebhaber wird sich auch dann an der Musik erfreuen, wenn die Aufführung nicht bis auf den i-Punkt perfekt ist.

Im Konzertsaal[6]

Genieß Musik im Festtagskleid,
befreit von Erdgebundenheit,
bin ganz den Tönen hingegeben,
die hoch hinauf zum Himmel streben.
Gelöst folg ich dem Jubelreigen,
bis dann die Instrumente schweigen.

Noch fühl ich mich entrückt der Welt,
als man die Stimmung mir vergällt,
ich höre nämlich sonderbare,
beinah profane Kommentare
und muß vernehmen mit Entsetzen
die folgenden Gesprächefetzen:

„Zu schleppend waren mir die Bässe,
den Celli fehlte Raffinesse,
und selten war ihr Einsatz gut;
nur Geigen waren auf der Hut;
der Largosatz war voller Schmalz,
dem Furioso fehlte Salz!“

Ich denk bestürzt, ich hör nicht recht:
War das, was mich erhob, denn schlecht,
was Weltentrücktes ahnen ließ,
das machen Wichtigtuer mies?
Wer nur kann Perfektion genießen,
dem wird das Herz nie überfließen.

Bei der Oper muß schlechterdings die Poesie der Musik gehorsam Tochter sein.
Wolfgang Amadeus Mozart

Oper und Ballett

Vorbetrachtung

Die Opern der Renaissance- und Barockzeit sind bis auf wenige Ausnahmen vergessen. Die damaligen Opernkomponisten waren zwar sehr fruchtbar – durchschnittlich schrieb ein Komponist um 1700 etwa 115 Opern – ihre Werke waren jedoch sehr kurzlebig. Die meisten waren nach einer Spielsaison bereits passé. Manchmal tauchten sie in einer anderen Stadt wieder auf; meist schrieb jedoch der ortsansässige Kapellmeister seine eigene Musik zum alten Text. Erst Mozart komponierte Opern von bleibendem Wert, die dazu noch in ihrer Art sehr verschieden sind: Bereits mit 10 Jahren beendete er die *Schuloper* Apollo et Hyacinthus, 2 Jahre danach La finta semplice, eine *Opera buffa*, aus der sich später die *komische Oper* entwickelte. Das in der gleichen Zeit komponierte Bastien und Bastienne sowie seine im 25. Lebensjahr fertiggestellte Entführung aus dem Serail sind *Singspiele*, die als Vorgänger der *Operette* gelten. Mozarts Idomeneo ist eine *Opera seria*, die als Vobild für die späteren *Musikdramen* von Gluck und Wagner angesehen wird. Seine größten Opern, Die Hochzeit des Figaro, Don Giovanni und Die Zauberflöte runden als *Repertoire-Opern* das Bild ab, das die kaum glaubliche Universalität dieses Genies unter Beweis stellt.

Die in den folgenden Abschnitten gezeigten Marken sind meist sehr geschmackvoll gestaltet; sie enthalten Szenen aus Opern, Operetten und Balletten sowie Darstellungen von Eis- und Volkstänzen. Aus diesem Grunde, wie auch wegen des großen internationalen Angebotes, wird eine Motivsammlung, die die Entwicklungsgeschichte der Oper und des Tanzes zum Thema hat, viel Anklang finden.

SZENENBILDER AUS OPER UND OPERETTE

Opern, die nicht von Deutschen geschrieben wurden, sind, ähnlich wie ausländische Komponisten, von unseren Postverwaltungen nicht auf Briefmarken gewürdigt worden. Opernszenen sind nur ein einziges Mal auf deutschen Marken zu finden, s. (245) bis (253). Man betrachte dagegen z.B. die 'internationale Auswahl' Österreichs, die Opern- und Ballettszenen aus der Wiener Staatsoper zeigt:

(237) – Don Giovanni (Mozart). Die Uraufführung fand 1787 in Prag unter großer Begeisterung statt. Der Erfolg war für Mozart dringend notwendig, nachdem ein Jahr zuvor in Wien Figaros Hochzeit auf Befehl des Kaisers Joseph II. wegen 'negativer Darstellung' eines Feudalherren abgesetzt worden war.

(238) – Die Zauberflöte (Mozart). Ihre Uraufführung fand mit großem Erfolg 1791 in Wien statt. Diese Oper schuf Mozart, um seinem Freund, dem Textdichter Emanuel Schikaneder, zu helfen. Dieser benötigte dringend für sein Theater ein Zugstück.

237

238

239

240

241

242

243

244

(239) – Fidelio (Beethoven). Nach der Uraufführung 1805 in Wien wurde das Werk nur noch zwei Mal aufgeführt und dann abgesetzt. Eine Woche vorher waren die Franzosen in Wien eingezogen. Nach der vierten Umarbeitung der Ouvertüre wurde die Oper 1814 wiederaufgeführt und hatte mit 21 Wiederholungen im gleichen Jahr großen Erfolg. Außerhalb Deutschlands wird sie seltener geboten.
(240) – Lohengrin (Wagner). Die Uraufführung wurde ohne Wagner von Liszt 1850 in Weimar durchgesetzt. Das Publikum war ratlos.
(241) – Don Carlos (Verdi). Uraufführung 1867 in Paris.
(242) – Carmen (Bizet). Diese heute so beliebte Oper, 1875 in Paris uraufgeführt, fand anfänglich eine nur kühle Aufnahme. Erst ein halbes Jahr später erhielt die Premiere in Wien begeisterten Beifall.
(243) – Der Rosenkavalier (Strauss). In Dresden 1911 uraufgeführt.
(244) – Schwanensee (Tschaikowsky); s. S. 119.

Seit der Fertigstellung des Bayreuther Richard-Wagner-Festspielhauses 1876 werden dort regelmäßig seine Opern aufgeführt. Weil ihm der Bayreuther Rummel nicht lag, lehnte es der Wagnerverehrer Nietzsche ab, der Einladung zur Eröffnung dieses Opernhauses Folge zu leisten. Die Festspiele haben auch heute noch mit einem üblichen Opernbesuch nichts zu tun, sondern gleichen einer Wallfahrt elitärer Pilger: Von 300000 Anträgen werden 57000 Gläubige ausgewählt, die an dem gesellschaftlichen Ereignis und an der Heldenverehrung in 30 Vorstellungen teilnehmen dürfen.

Szenen aus Wagner-Opern sind auf den folgenden Marken dargestellt:

(245) – Tannhäuser. Uraufführung 1845 in Dresden. Geringes Verständnis beim Publikum. Um die Aufführung an der Großen Oper in Paris durchzusetzen, mußte Wagner in die Venusbergszene eine größere Balletteinlage einbauen. So entstand das nachkomponierte Bacchanal. Man verlangte, das Ballett in die Wartburgszene einzufügen, was Wagner aber strikt ablehnte.
(246) – Der fliegende Holländer. Die Dresdener Uraufführung 1843 fand kühle Aufnahme.
(247) – Rheingold. Die Oper wurde 1869 in München gegen den Willen Wagners uraufgeführt.
(248) – Die Meistersinger von Nürnberg. Die Uraufführung 1868 in München wurde bejubelt.
(249) – Die Walküre. In München 1870 gegen den Willen Wagners uraufgeführt.
(250) – Siegfried. Diese Oper, an der Wagner 15 Jahre gearbeitet haben soll, wurde 1876 in Bayreuth uraufgeführt.
(251) – Tristan und Isolde. Unter H. v. Bülow 1865 in München uraufgeführt.
(252) – Lohengrin; siehe S. 51.
(253) – Parsifal. Die Uraufführung von Wagners letztem Werk mit dem arischen Jesus fand 1882 in Bayreuth statt, und zwar unter der Leitung des Juden H. Levi, weil Ludwig II. es so wünschte. Wagner war schockiert – er würde es noch mehr sein, wenn er wüßte, daß dieses 'Bühnenweihfestspiel' oder Auszüge davon bis heute besonders am Karfreitag geboten werden, den er gerade abschaffen wollte.

Weitere Szenen aus Bizets Carmen zeigen die Marken:

(254) – Schmugglerszene
(255) – Taverne von Lillas Pastia
(256) – Carmen mit Soldaten
(258) – Arena-Eingang, Sevilla

245

246

247

248

249

250

251

252

253

Von den beiden Opern Honeggers, Antigone und L'Aiglon, ist eine Szene aus der letzteren auf (257) dargestellt. Sie wurde 1937 in Monte Carlo uraufgeführt. Bühnenbilder aus der Fantaisie lyrique L'enfant et les sortilèges von Ravel – Uraufführung 1952 in Monte Carlo – und aus Massenets Don Quichote – Uraufführung 1911 in Monte Carlo – zeigen die Marken (259) und (260). Den Don Quichote komponierte Massenet für den Sänger Schaljapin.

Berlioz, der das Großartige, Aufwendige und Kolossale liebte, schrieb – frei nach Goethe – auch die dramatische Legende La damnation de Faust (Fausts Verdammnis), aus der die zwei Szenen 'Geisterpferde' und 'Dr. Faust und Mephisto im Studierzimmer' auf (261) und (262) gezeigt werden. „Ein Markstein in meinen Leben", schrieb Berlioz, „war die Lektüre von Goethes Faust. Ich konnte das Buch nicht niederlegen, sondern mußte lesen, lesen und lesen – am Tisch, auf den Straßen, im Theater". In Paris 1846 fiel das Werk wegen der übergangslos aufeinander folgenden Szenen und der langgezogenen Rezitative durch. Es hätte deshalb nicht gefallen, weil keine Katzen im Hause gewesen wären, meinte Rossini. Ein Jahr später wurde es in Berlin mit großem Erfolg aufgeführt, das Publikum begeisterte sich besonders am machtvoll instrumentierten Rakoczy-Marsch.

Aus der Serie Kunst der Peking-Oper zeigt die Bildtafel mit unbezifferten Marken kostümierte Frauen in verschiedenen Rollen. Die Darstellerinnen verkörpern sanfte, ruhige, lebhafte und kriegerische Typen. Die sehr volkstümliche, durch Schaueffekte besonders stark geprägte Peking-Oper besteht wie die abendländische aus Akten und Szenen, wobei in die Handlung lyrische Rezitative eingeführt werden. Die vier Haupttypen sind Helden, Intriganten, Frauen und komische Personen mit zahlreichen Untergruppen. Der eigentümlichen Musik fehlen Mehrstimmigkeit und Harmonie im abendländischen Sinn; sie bietet dem nichtasiatischen Publikum keinerlei Genuß, im Gegensatz zu den schönen Kostümen und den kunstvoll geschminkten bildhübschen Darstellerinnen.

Das Opernorchester besteht aus Gongs, Glocken, Trommeln und abgestimmten Schlaginstrumenten aus Stein-, Holz- oder Kupferplatten. Als Saiteninstrumente dienen lauten- und zitherartige Geräte und als Blasinstrumente Lang-, Quer- und Panflöten, sowie Bambusmundorgeln.

Während man Opern nach nationalen Merkmalen (als deutsche, französische, russische etc.) unterscheidet, werden Operetten nach Städten klassifiziert: Da gibt es die gemütvolle Wiener Operette mit ihrem Charme und den Walzern, die Pariser Operette mit ihren frechen Chansons und rasanten Can-Cans und die Berliner Operette mit ihren Märschen und Gassenhauern.

Die aus der komischen Oper und Offenbach's Opéra bouffe entstandenen Operette gehört zur 'leichten' Unterhaltung. Die Ansprüche an die Mitwirkenden sind geringer als die an Opernsänger. Einige Szenen berühmter Wiener Operetten zeigen:

(263) – Der Bettelstudent (Millöcker). Uraufführung 1882.
(264) – Zwei Herzen im Dreivierteltakt (Stolz). Uraufführung 1933.
(265) – Ein Walzertraum (O. Straus [1870–1954][z]). Uraufführung 1907.
(266) – Die Fledermaus (Strauß, Sohn). Uraufführung 1876.
(267) – Die lustige Witwe (Lehár). Uraufführung 1905.
(268) – Der Vogelhändler (C. Zeller [1842–1898]). Uraufführung 1891.

z Musiksträuße: Johann *Strauß*, Richard *Strauss*, Oscar *Straus*.

254

255

256

257

258

261

259

262

260

中国人民邮政
4分
T.87.(8-1)
孙玉姣
1983

8分
中国人民邮政
T.87.(8-4)
十三妹
1983

中国人民邮政
8分
T.87.(8-2)
陈妙常
1983

8分
中国人民邮政
T.87.(8-3)
白素贞
1983

10分
中国人民邮政
T.87.(8-5)
秦香莲
1983

20分
中国人民邮政
T.87.(8-6)
杨贵妃
1983

50分
中国人民邮政
T.87.(8-7)
崔莺莺
1983

80分
中国人民邮政
T.87.(8-8)
穆桂英
1983

263

264

265

266

267

268

Obwohl Emile Zola in seinem Roman Nana schimpfen läßt: „Die Operette ist ein öffentliches Übel, man soll sie erwürgen wie ein schädliches Tier", haben die Offenbachiaden und Operetten dem Publikum viel Freude bereitet.

Eine neue Art musikalischer Bühnenwerke sind die Musicals, von denen bisher Szenen auf Briefmarken nicht dargestellt wurden. Sie sind keineswegs eine Art Singspiel oder Operette, wie oft angenommen wird, sondern direkt aus der amerikanischen Kultur entstanden. Sie stellen außerordentlich hohe Ansprüche an die Mitwirkenden: Der Sänger muß nicht nur über eine gute Stimme verfügen, sondern auch Schauspieler und dazu noch ein ausgezeichneter Tänzer sein. Es ist schwierig, Musicals außerhalb der Vereinigten Staaten aufzuführen, da man selten solche Kräfte zur Verfügung hat. Dagegen sind die erfrischenden Melodien aus ihnen immer häufiger in der ganzen Welt zu hören, wie die aus den Musicals mit literaturgeschichtlichem Inhalt: Kiss me Kate nach Shakespeares Der Widerspenstigen Zähmung, My Fair Lady nach Shaws Pygmalion und Der Mann von La Mancha nach Cervantes Don Quichote. Weiterhin seien Singin' in the Rain, Fiddler on the Roof und die Westside Story erwähnt. Die Musik zum letzteren schrieb der berühmte Dirigent, Musikpädagoge und Komponist Leonard Bernstein. Während das Interesse des breiten Publikums an der Wiener Operette abnimmt, erfreuen sich die Musicals immer größerer Beliebtheit. Bis Anfang der 80er Jahre haben es die zwölf bekanntesten im Durchschnitt auf je 2000 Vorstellungen gebracht.

> Das Ballett, das doch die Höhe der Unwirklichkeit auf der Bühne darstellt, ist darum keineswegs unbeliebt, ganz im Gegenteil.
>
> G.B. Shaw

BALLETT- UND EISTANZSZENEN

Vorbetrachtung

Seinen Ursprung hatte das Ballett vermutlich in den pantomimischen Tänzen der griechischen Tragödie und in den orientalischen und römischen szenischen Tänzen. Als künstlerischer Schautanz kam es aber erst im 15. Jh. über Spanien nach Italien und Frankreich.

Mit dem Ballet Comique de la Reine, das 1581 in Paris uraufgeführt wurde, begann die eigentliche Geschichte des Balletts, doch hatten diese rein höfischen Schauspiele kaum etwas mit dem späteren Spitzenballett zu tun. Erst ab 1681 traten Ballett-Tänzerinnen auf; vor dieser Zeit wurden auch Frauenrollen nur von Männern getanzt. Bis 1730 wurde ausschließlich die Dance basse getanzt, bei dem ein Fuß des Tänzers stets am Boden blieb. Erst danach begann die Dance haute mit dem Abheben beider Füße zum Sprung. Dies revolutionierte das Ballettwesen und stellte erheblich höhere Anforderungen an die physische Kraft der Mitwirkenden. Damit wurden Bravourstücke möglich, wie das viermalige Kreuzen der Füße, erstmals von der berühmten Tänzerin Marie Anne Cupis de Camargo (1710–1770) vorgeführt, die das Publikum in Erstaunen und Bewunderung versetzte. Sie trug erstmals ein kurzes Ballettröckchen und Tanzschuhe ohne Absätze.

269

271

272

270

274

275

273

Der Spitzentanz wurde erst kurz vor Beginn des 19. Jh.s in London eingeführt. Die Tänzer schwebten mittels maschineller Hebeeinrichtungen durch den Raum und entzückten durch den luftigen Stil der schwerelosen Sprünge das Publikum. Als man später die Schuhspitzen durch Metallkappen versteifte, erübrigten sich die mechanischen Hebeanlagen, und das Spitzenballett war geboren.

Ballettmusik schrieben fast alle Opernkomponisten seit Monteverdi, sie war aber meist als Tanzstück in die Opern eingefügt und hatte mit dem dramatischen Geschehen kaum etwas zu tun. Ballette als selbständige Bühnenwerke schuf erstmals Tschaikowsky. Nicht alle der heute bekannten etwa 550 Ballettstücke sind als solche komponiert worden. Opern, Sinfonien und andere Werke großer Meister wurden für Ballett choreographiert und vermitteln durch die Ausdruckskraft der Tänzer nicht nur akustisch hervorgerufene, sondern auch visuelle Empfindungen beim Zuhörer. Als Beispiel seien genannt: Bachs Goldberg-Variationen, Beethovens 7. und 9., Tschaikowskys 5., Mahlers 3. Sinfonie und seine Kindertotenlieder, Vivaldis Vier Jahreszeiten, Schumanns Karneval, Berlioz' Symphonie fantastique und Brahms' Liebeslieder-Walzer. Für das Eisballett sind bisher keine Kompositionen bekannt; hier werden ausschließlich bestehende Musikwerke choreographiert, s. S. 119.

Ballettszenen

In der Viererblockanordnung (269) sind verschiedene Tanzarten dargestellt:
- die linke Marke zeigt eine klassische Ballett-Tänzerin,
- die rechte eine Szene aus einem modernen Ballett,
- die obere einen Steptänzer und
- die untere ein Paar in einer typischen Szene des amerikanischen Volkstanzes Square Dance, der sich vermutlich aus der französischen Quadrille entwickelte und auch einige Elemente europäischer Volkstänze besitzt. Er wird von vier Paaren im Viereck, dem square, getanzt, wobei die Paare den Anweisungen eines Ansagers folgen. Als Begleitinstrumente dienen Akkordeon, Banjo, Violine und Gitarre.

Zum 100-jährigen Geburtstag des Walzers An der schönen blauen Donau, der erstmalig im Karneval 1867 erklang, wurde die hübsche Marke mit einer Ballett-Tänzerin (270) herausgegeben.

Ballett-Tänzerinnen mit ihren duftigen petit tutu nach Gemälden von E. Degas zeigen die Marken

(271) – Die Tanzklasse
(272) – Tänzerin mit Blumenstrauß
(273) – Tänzerin auf der Bühne
(274) – Szenen aus der Ballettschule
(275) – Szenen aus der Ballettschule.

Degas erklärte seine Vorliebe, Balletteusen zu malen, folgendermaßen: „Man nennt mich den Maler der Tänzerinnen; man hält sich aber nicht vor Augen, daß es für mich ein Vorwand ist, das Schöne zu malen und die Bewegung darzustellen."

Bühnenszenen vom internationalen Festival und zum 30-jährigen Bestehen des kubanischen Nationalballetts sind dargestellt auf den Marken:

(267) – Giselle (A. Adam [1803–1856])
(277) – Apollo (L. Baillou und A. Salieri)
(278) – Ödipus Rex (I. Strawinsky)
(279) – The River (D. Ellington)
(280) – Giselle (A. Adam)
(281) – Genesis (L. Nono [geb. 1924])
(282) – Grand Pas de Quatre.

Das Ballett Giselle (276) und (280), dessen Musik *Adolphe Adam* bereits 1841 schrieb, wird heute als eines der größten Meisterwerke der Romantik betrachtet und überall aufgeführt.

Ödipus Rex (278) ist ein Opernoratorium in lateinischer Sprache, bei dem ein Sprecher dem Publikum in der betreffenden Landessprache im voraus das Geschehen auf der Bühne erläutert. Der Text wurde nach einer Dichtung von Sophokles von Jean Cocteau verfaßt. Bei der ersten konzertanten Pariser Aufführung 1927 reagierten die Zuhörer befremdet. Erst die szenische Uraufführung 1928 in Berlin zog das Publikum in seinen Bann und wurde wohlwollend aufgenommen.

Das Ballett The River (279), in New York 1970 uraufgeführt, komponierte der berühmte amerikanische Jazzmusiker *Duke Ellington* (1899–1974), dessen wirklicher Name Edward Kennedy war.

Genesis (281) ist ein rein abstraktes Ballett von *Luigi Nono*, dem Schwiegersohn Schönbergs. Es ist für elektronische Musik komponiert und hat als Thema die Befreiung der Menschen aus Unterdrückung und Sklaverei.

Eine der bekanntesten Tänzerinnen des 18. Jh.s war die italienische Primaballerina *Barberina Campanini* (1721–1799), die an vielen Opern in Paris, London, Venedig und Berlin tanzte. Sie ist auf der Marke (283) nach einem Gemälde von Antoine Pesne gezeigt, zu dessen 200. Geburtstag die Marke erschien.

Ballettszenen aus russischen Bühnenwerken zeigen die Briefmarken:

(284) – Clara und die Schneeflocke, aus dem Nußknackerballett von Tschaikowsky
(285) – Die Schneeflockenfee und der Prinz, aus dem Nußknackerballett von Tschaikowsky
(286) – Blumenwalzer, aus dem Nußknackerballett von Tschaikowsky
(287) – Sylfiden (Fokin)
(288) – Schwanensee (Tschaikowsky)
(289) – Roter Mohn (Glier)
(290) – Romeo und Julia (Prokofjew).

Tschaikowsky wurde zu seinem Nußknackerballett durch E.T.A. Hoffmanns Erzählung Der Nußknacker und der Mäusekönig angeregt. Auch die Suite, die er später schrieb, enthält so brillante und elegante Musik, daß sie bei der Uraufführung 1892 spontane Begeisterung hervorrief. Schwanensee (288) ist zwar das erste Ballett von Tschaikowskys Märchentrilogie, zusammen mit Nußknacker und Dornröschen, wurde aber erst als letztes, 20 Jahre nach der Fertigstellung, uraufgeführt.

276

277

278

282

279

280

281

284

283

285

288

286

287

289

290

291

292

Das Ballett Roter Mohn (289), geschrieben von *Reinhold M. Glier* (1874–1956), ist eine Art sowjetische Madame Butterfly; in diesem Fall becirct kein Amerikaner, sondern ein russischer Schiffskapitän ein ausgebeutetes Chinesenmädchen, die ihm ihr Leben opfert. Das Ballett wurde in der Sowjetunion in 300 aufeinanderfolgenden Abenden aufgeführt und enthält zahlreiche Revolutionslieder, einschließlich der Internationalen.

Das von Prokofjew komponierte Ballett Romeo und Julia (290) läßt die prunkvolle Darstellung aus Tschaikowskys Zeit wieder aufleben. Wegen zeitraubender Prüfung des politischen Reinheitsgrades dieses Werkes durch die Kunstkomissare der Sowjetunion wurde das Ballett 1935 in der damals demokratischen Tschechoslowakei uraufgeführt und erst 5 Jahre später – mit sensationellem Erfolg – in Moskau.

Das romantische Ballett Sylfiden, das keinerlei Handlung hat, wird nach einem Arrangement von A.K. Glasunow (1865–1936) nach der Musik von Chopin getanzt (287). Es war lange Zeit fester Bestandteil der berühmten Ballets Russes mit der unvergeßlichen Anna Pawlowa (1881–1931).

Waclav Fomitsch Nijinsky (1890–1950), einer der größten Ballett-Tänzer und Choreographen, zeigt die Marke (291), die nach einer 1914 geschaffenen Bronze von Georg Kolbe gestaltet wurde. Er erlangte schnell Weltberühmtheit mit seinem eigenen Ensemble, besonders während des ersten Weltkrieges, fiel aber kurz darauf, im 29. Lebensjahr, in geistige Umnachtung.

Serge P. Diaghilew (1872–1929), der Schöpfer und Impressario der Balletts Russes, ist mit seinem Nachfolger René Blum auf der Marke (292) gezeigt. Aufbauend auf dem Prinzip des Begründers des klassischen Balletts, Mihail Fokin (1880–1942), daß Musik nicht allein die Begleitung rhythmischer Schritte, sondern organischer Bestandteil des Tanzes sei, wobei die Qualität der choreographischen Inspiration von der Qualität der Musik abhänge, errang er seit 1904 Welterfolge, vor allem durch die Tourneen seines Ensembles.[7]

293

294

295

296

297

298

299

300

301

302

Eistanzszenen

Nach dem zweiten Weltkrieg entwickelte sich aus dem Eiskunstlauf der Eistanz, der in elegant fließenden Bewegungen der Musik folgt, wie es in keiner anderen Tanzart möglich ist. Es könnte ein fruchtbares Betätigungsfeld für unsere modernen Komponisten sein, hierzu Musikstücke zu schreiben, die dem gleitenden Charakter der Tänze Rechnung tragen.

Nur wenige Briefmarken zeigen Darstellungen des Eistanzes. Dagegen sind zahlreiche Sonderausgaben mit Szenen des Eiskunstlaufes zu sportlichen Veranstaltungen erschienen, die stellvertretend für Tanz und Ballett als Beispiele ausgewählt wurden, (293) bis (302). Bei Wettbewerben im Eiskunstlauf werden 60 % Pflicht- und 40 % Kürläufe gefordert. Dabei besteht der Pflichtteil aus bis zu 69 verschiedenen Figuren und der Kürteil aus einer freigewählten Figurenfolge von 5 Minuten Dauer, in der die Anzahl der Sprünge, Pirouetten und Spiralen immer größer wird.

In diesem Zusammenhang sei darauf hingewiesen, daß der Eiskunstlauf wesentlich höhere Anforderungen an die Ausführenden stellt als Eistanz oder Eisballett. Eiskunstläufer stehen derart unter Leistungszwang, daß sie von schweren körperlichen Schäden bedroht sind. Die auftretenden Verschleißerscheinungen führen dazu, daß viele „mit 15 Gelenke wie mit 50“ haben. Eine amerikanische Untersuchung zeigte, daß von 19 jede dritte Eisläuferin Rückgratverkrümmung und Spreizfüße hatte. Bei 12 Sportlern waren die Kniegelenkbänder ausgeleiert. Weiterhin traten häufig Sehnen- und Muskelzerrungen, Gelenkkapselentzündungen sowie schmerzhafte Überbeine auf. Es bleibt zu hoffen, daß die in Folterungen ausartenden Trainingsmethoden an Jugendlichen wegen übertriebener Rekordsucht bald der Vergangenheit angehören und Revuen, Tänze und Ballette auf dem Eis den Vorzug bekommen.

303

304

307

305

308

306

309

310

Am Anfang war der Rhythmus.
Hans von Bülow

Volks- und Stammestänze

VOLKSTÄNZE

Vorbetrachtung

Volkstänze entspringen dem Wunsch nach fröhlichem Zusammensein und sind Ausdruck der Lebensfreude. Unterschiedliche Tanzarten, Trachten und Musikinstrumente kennzeichnen die einzelnen Volksgruppen. In Europa gibt es über 60 verschiedenartige Volkstänze, davon mehr als die Hälfte im deutschsprachigen Raum, etwa 20 über die Welt verbreitete Gesellschaftstänze und zahlreiche Modetänze.

Es ist anzunehmen, daß Menschen schon zu frühesten Zeiten Sehnsucht, Anbetung, Leid und Schmerz durch rhythmische Bewegungen ausdrückten. In der griechischen Mythologie tanzten Götter, Silenen und Satyre. Die Jüngerinnen des Dionysos, die Bacchantinnen, fanden 'Erlösung und Heilung' im rauschhaften Tanz. Der Kulttanz war heilig und verband Götter und Menschen. Sokrates, selbst ein begeisterter Tänzer, erkannte in ihm sowohl das religiöse als auch das sportliche Moment, während sein Schüler Plato die rauschhafte Ekstase ablehnte und nur erzieherische Formtänze anerkannte. Die ursprüngliche Einheit von Gottesverehrung und Tanz wird im Abendland mit dem Beginn des Christentums aufgehoben. Für Basilius den Großen (329–379) war der Tanz noch die vornehmlichste Betätigung der Engel, für den Hl. Augustinus im 5. Jh. jedoch der Teufelskreis. Bonifatius verbot weltliche Reigen in heiligen Stätten. Der Heilige Eligius lehnte Paar- und Ringtänze sowie Reigen an Festtagen ab und Karl der Große untersagte sie völlig. Nachdem sich im 11. Jh. der Staat von der Kirche zu lösen begann, stand der Liebe zum Tanzen immer weniger im Wege. Da Bauern und Bürgerschaft streng vom Adel getrennt waren, gab es bald zwei Tanzarten: Den unbeschwerten Volkstanz der breiten Massen und den gravitätischen Gesellschaftstanz, der nur von Aristokraten getanzt wurde. Im späten Mittelalter entwickelten sich die Volkstänze zu schnellen Drehtänzen. Vom süddeutschen Raum ausgehend verbreiteten sie sich rasch nach Mitteldeutschland. Die Paare wirbelten immer heftiger und die Röcke flogen immer höher, so daß die Beine und mehr als diese entblößt wurden. Luther fand zwar lobende Worte für die Tänze, bemängelte aber das lottrige Benehmen der Paare. Ende des 16. Jh.s hatten die leidenschaftlichen Tänze der Dreher, Ländler und Plattler ganz Deutschland bis zur Nordsee erobert. Es häuften sich die Verbote wegen „unwürdigen Verdrehens, Umschlingung und anderer böser Gebärden."

Der aus dem Dreher und Ländler entstandene Walzer begann 1770 die Tanzflächen zu erobern. Er wurde keineswegs von allen begeistert aufgenommen: George Byron schrieb Gedichte gegen ihn; 1794 tanzte eine mecklenburgische Prinzessin – die spätere preußische Königin Luise – erstmals einen Walzer in Berlin, den man daraufhin bei Hofe bis 1918 verbot. An anderen Plätzen Europas wurde er nicht aus moralischen, sondern aus medizinischen Gründen verboten: Man tanzte ihn bis 1900 oft eine halbe Stunde lang in rasendem Tempo und das nur rechts herum!

311

312

313

318

317

319

314

315

316

Viele Komponisten wie Haydn, Mozart, Beethoven, Schubert und Weber schufen Walzer. Weber schrieb mit der Aufforderung zum Tanz eine der schönsten deutschen Walzerkompositionen. Es folgten Lanner und Strauß, die ihm weltweite Geltung verschafften.

Als 1920 in Europa das große Walzersterben begann, blieben ihm Deutschland und Österreich treu, und von hier aus erlebte er auch nach 1945 seine Wiederauferstehung.

Europäische Volkstänze

Die europäischen Volkstänze bewahren zwar die überlieferte Eigenart des alten Figurentanzes, ihre tiefere Bedeutung ging aber verloren. Ein Kerngebiet des Paartanzes ist der deutsche und österreichische Alpenraum bis hinein nach Südrußland. Spanien und Ungarn erhoben ihre Volkstänze Fandango und Czárdás sogar zu Nationaltänzen.

Zwei Tanzpaare in Schwarzwälder bzw. Friesischer Tracht zeigen (303) und (304). Ein alter Drehtanz wurde nach einem Kupferstich von A. Dürer, Tanzende Bauern, auf der Marke (305) abgebildet. Ein Morristänzer ist auf (306) dargestellt (vom span. morisco = maurisch). Dieser 'Maurentanz' war im 15. und 16. Jh. in Deutschland, Italien und Frankreich ein beliebter schneller Volkstanz. Bisweilen wurde er mit Schwertern getanzt, um den Kampf gegen die ungläubigen Mauren zu versinnbildlichen. Später wurde der Morris-dance der Lieblingstanz der Engländer. Als Musik verwendete man Lieder und Opernmelodien des 17. und 18. Jh.s.

Die drei norwegischen Volkstänze Halling, Springar und Gangar zeigen (307) bis (309). Besonders der aus Hallingdal stammende Halling ist ein beliebter schneller Tanz, von der Hardangerfidel (4-saitig mit 4 Untersaiten zur Verbesserung der Resonanz) begleitet.

Die einzige Briefmarke, die einen Gesellschaftstanz zeigt, ist auf (310) zu sehen, s. S. 127.

Volkstänze, von professionellen Künstlern des sowjetischen staatlichen Volkstanzensembles geboten, zeigen die choreographischen Szenen Auf der Eisbahn (311), Zigeunertanz (312) und Hopak (313). Der letztere ist ein schneller ukrainischer Tanz, bei dem der Solotänzer schwierige akrobatische Sprünge vorführt. Der Hopak wurde auch in russischen Kompositionen verwendet (z.B. von Mussorgsky).

Beispiele von Volkstanzpaaren aus Ost- und Südosteuropa zeigen die folgenden Marken:

(314) – Trachtenpaar aus dem Raum Lódź
(315) – Oberschlesisches Trachtentanzpaar aus dem Raum Kattowitz
(316) – Rumänischer Volkstanz
(317) – Türkisches Tanzpaar, Kafkas
(318) – Ungarischer Volkstanz
(319) – Albanischer Pistolentanz

Übrigens ist auf der Marke (10) eine Tanzpose aus dem Mittelalter zu sehen: Heinrich von Stretlingen übt mit seiner Frau Tanzschritte.

Lateinamerikanische Volkstänze

Einige weniger bekannte, aber typische Volkstänze südamerikanischer Länder und der Antillen wurden ausgewählt und auf der Bildtafel gezeigt: Der Frevo Pernambuco aus

323

324

321

322

325

320

326

327

328

Brasilien, der Currulao und der Bambuco aus Kolumbien, (320) bis (322). Am weitesten verbreitet ist der kolumbianische Nationaltanz Bambuco, bei dem die Paare im Duett singen und von Diskantschalmeien, 12-saitigen Gitarren und Bandolas (flachen Lauten) begleitet werden. Er ist ein graziöser Verfolgungstanz, bei dem Männer und Frauen auf Spitzen tanzen und mit Tüchern winken. Die melancholischen Texte der Gesänge werden durch die überwiegend in Moll gesetzte Musik untermalt. Darstellungen von Szenen des Schauspieler- und Tänzerensembles John Canoe aus Jamaica zeigen die Marken

(323) – Koo-Koo
(324) – Rote Tänzerinnen
(325) – Tänzerinnen in französischer Tracht
(326) – Schauspieler mit John-Canoe-Haus

Bolivien stellt auf den Marken (327) und (328) den Waca Thokori und den Kusillo vor.

Der am weitesten verbreitete Gesellschaftstanz, der Tango, hatte seinen Ursprung im westindisch-mexikanischen Raum und erhielt seinen Namen nach einem afrikanischen Schlaginstrument. Sein Verwandter, der Habanera, kam aus Kuba und wurde durch La Paloma weltberühmt. Habaneras wurden auch von Hindemith und Ravel (Rhapsodie Espagnole) komponiert. Es erscheint heute kaum glaublich, daß ein so kultivierter Tanz wie der Tango vom Papst geächtet und von der TIMES 1913 als höchst unchristlich bezeichnet wurde. Der letzte deutsche Kaiser verbot ihn für Offiziere in Uniform, und noch 1925 hielten ihn die österreichischen Bischöfe für eine Sünde.

Beliebte Gesellschaftstänze wie Rumba, Mambo und Cha-Cha-Cha sind ebenfalls von kubanischen Volkstänzen abgeleitet worden. Den Cha-Cha-Cha zeigt (310).

Asiatische Volkstänze

Die indischen und ostasiatischen Tänze sind dramatisch-pantomimisch und können nur von Eingeweihten, d.h. kaum von Angehörigen anderer Kulturkreise, verstanden werden. Eine ganze Geschichte wird mit wenigen Bewegungen der Hände, des Kopfes und der Augenbrauen ausgedrückt. Es gibt allein etwa 50 Handbewegungen, dabei ist jede von ihnen auch noch mehrdeutig. Die peinliche Einhaltung der vorgeschriebenen Form ist vom religiösen Standpunkt aus wichtig, denn eine falsch ausgeführte Geste kann die magische Wirkung zunichte machen. Alle Bewegungen müssen sehr sorgfältig einstudiert und ihre Bedeutung den Zuschauern bekannt sein. Diese Tänze sind damit Schautänze und zwangsläufig auf Wirkung bedacht.

Für die japanische Tänzerin ist der Fächer das wichtigste Requisit, mit dem sie alles ausdrücken kann: Liebe, Kampf, Tod aber auch Teufel oder Schmetterling.

Die vielen vom Fernen Osten herausgegebenen Briefmarken mit Darstellungen asiatischer Volkstänze würden dem interssierten Philatelisten allein schon eine umfangreiche Motivsammlung ermöglichen. Als Beispiel werden hier der Bambustanz, der Hut-Tanz und der Schirmtanz auf den vietnamesischen Marken (329) bis (331) gezeigt. Aus Korea wurden der Paartanz der Kazaks, der Olunchuns und der Fächertanz gewählt, (332) bis (334). Die Tänzerin aus Japan stammt aus einem Gemälde des frühen 17. Jh.s (335).

Eine polynesische Tänzerin im Festkostüm zeigt die Marke (336), das 'Mädchen von Tahiti' nach einem Gemälde von A. Pilioko Marke (337).

330

329

331

333

332

334

335

336

337

AFRIKANISCHE STAMMESTÄNZE

Ein besonderes Kennzeichen afrikanischer Stammestänze besteht darin, daß sie keine weiträumigen Bewegungstänze sind, sondern auf kleinem Raum durchgeführt werden, und daß die Partner sich nie berühren. Anders als bei westlichen Volkstänzen sind bei den afrikanischen Naturvölkern Musik und Tanz Ausdrucksmittel, die stets mit religiösen Vorstellungen verknüpft sind. Auch Tier-, Liebes-, Fruchtbarkeitstänze beruhen auf dem Glauben an den Analogiezauber. Masken- und Kriegstänze sind meist ekstatische Beschwörungen von Geistern und Ahnen. Die Musik ist vornehmlich rhythmisch und wird durch Schlag-, Rassel- und Schüttelinstrumente erzeugt, wobei die Trommeln dominieren, welche die pantomimisch-dramatischen Einzeltänze oder Kreisreigen oft mit ohrenbetäubender Lautstärke begleiten. Bei religiösen Anlässen strebt der Tänzer nach völliger Ekstase, die für ihn das Einswerden mit dem Kosmos bedeutet.

Während viele Gesellschafts- und Modetänze ihren Ursprung in den mittel- und südamerikanischen Volkstänzen haben, sind von den afrikanischen Stammestänzen keine direkt übernommen worden. Negertänze, die zu Modetänzen wurden, wie der Shimmy mit seinen coitusartigen Bewegungen, der Charleston, der Boogie-Woogie und der Rock'n Roll, stammen von den nordamerikanischen Negern. Boogie-Woogie nannten übrigens nordamerikanische Negersklaven die sekundäre Syphillis.

Darstellungen von Stammestänzen auf Briefmarken wurden von afrikanischen Ländern in großer Zahl herausgegeben. Als Beispiel ist der besonders schöne Satz von Burundi (338) bis (344) ausgewählt worden.

338

339

340

341

342

343

344

Ein gutes Tier
ist das Klavier
still, friedlich und bescheiden;
und muß dabei
doch vielerlei
erdulden und erleiden.
Wilhelm Busch

Die Instrumente

Vorbetrachtung

Sowohl die Vielzahl als auch die Qualität der Instrumentenabbildungen auf Briefmarken aus aller Welt bieten sich besonders für Motivsammlungen an. Die nachstehenden Hinweise können dafür hilfreich sein.

In China läßt sich eine hohe Entwicklung von Schlagspielen, wie von Klingsteinen und dem Xylophon, bis in die Zeit um 3000 v. Chr. nachweisen. Lange vor der Zeitenwende gab es außerdem Zithern, Lauten, Kugelflöten, Mundorgeln und Trommeln.

Die im indisch-persischen Raum (3000–500 v. Chr.) zu den religiösen Kulthandlungen gehörende Musik wurde mit Hilfe von Stabzithern, langhalsigen viersaitigen Lauten, zweisaitigen Geigen, Bambusflöten, Schalmeien, Glöckchen, Zimbeln und Trommeln erzeugt.

Im Mittleren Reich der Ägypter (2220–1550 v. Chr.) gab es bereits Harfen und Querflöten, denen später (aus Syrien) Lauten, Oboen und Trommeln folgten. Die Instrumente standen fast ausschließlich im Dienste des Toten- und Götterkultes.

Die in Babylonien seßhaft gewordenen Sumerer spielten ca. 2000 v. Chr. neben anderen Instrumenten bereits Harfe.

Felszeichnungen, Berichte antiker Autoren und Instrumentenfunde geben Aufschluß über die germanische Musik. Erhalten sind Blasinstrumente der Bronzezeit, Knochenflöten und Luren aus dem 15. Jh. v. Chr. und Reste von Saiteninstrumenten, wie Zupfleiern, deren Saiten über einen Steg liefen.

Über die jüdische Musik der Frühzeit gibt es nur spärliche Funde und Berichte. Zur musikalischen Ausgestaltung der Gottesdienste zu Zeiten der Könige David und Salomo, also etwa zwischen 1000 und 925 v. Chr., gehörten Psalter, Harfen, Trompeten und Zimbeln sowie Rasseln.

Aus der griechischen Frühzeit um 1100 v. Chr. sind folgende Instrumente bekannt: Die besaitete Phorminx, eine Vorform der Kithara, die Harfe und die Äolsharfe, welche nach dem Beherrscher der Winde, Äolos, benannt wurde; der Wind versetzte ihre gleichgestimmten Saiten in Schwingungen. Von den Blasinstrumenten sind der (Doppel-) Aulos, die Syrinx (Panflöte) und die Salpinx, eine Trompetenart, überliefert; von den Schlaginstrumenten die Kratola (Handklappern), die Kymbala (Metallbecken), das Tympanon (Handtrommel) und eine Art Xylophon.

Auf weitere historische Gegebenheiten wird in den folgenden Abschnitten verwiesen.

Die Entwicklung der Musikinstrumente von der Panflöte bis zur elektronischen Klangerzeugung hat natürlich maßgeblich Stil und Ausdrucksstärke der Musik beeinflußt. Die maschinelle Herstellung von Instrumenten begann nach der Industriellen Revolution. Dabei spezialisierten sich Frankreich auf Flöten und Oboen sowie Harfen, Italien auf Geigen, England auf Trompeten und Deutschland auf Tasteninstrumente.

Im allgemeinen lassen sich die heutigen Musikinstrumente in folgende Kategorien einteilen (die Nummern der Markenbeispiele sind beigefügt):

1. Saiteninstrumente:
   - Zupfinstrumente (345) bis (353)
   - Streichinstrumente (354) bis (359)
   - Tasteninstrumente (360) bis (363).
2. Blasinstrumente:
   - Holz- und Hornblasinstrumente (364) bis (371)
   - Blechblasinstrumente (372) bis (381).
3. Balginstrumente:
   - Dudelsack (370) und (371)
   - Orgel (382) bis (389)
   - Leierkasten (390)
   - Akkordeon (391).
4. Schlaginstrumente:
   - Schelle, Cymbal, Tambourin (392), (393), (394)
   - Trommel, Pauke (395), (396), (398), (399)
   - Zimbel, Xylophon, Klingstein (397), (400), (401).
5. Elektronische Klangerzeuger, die durch abgestimmte Resonanzkreise Töne erzeugen, wie die Audiogeneratoren der Elektronenorgel, wobei die Schallwellen von Lautsprechern ausgestrahlt werden, sind auf Marken noch nicht erschienen. Die 1935 erfundene elektronische Orgel hat sich besonders in Schlagerkapellen und in der Hausmusik durchgesetzt, nicht nur wegen ihres kompakten Aufbaus, sondern auch wegen ihrer Klangfülle und der Möglichkeit, mit ihr die verschiedensten Instrumente nachahmen zu können.

SAITENINSTRUMENTE

Zupfinstrumente

Bei Zupfinstrumenten wird der Ton durch Anreißen der Saiten mit den Fingern oder einem Plektron (in der Antike ein Stäbchen, dann ein Plättchen aus Holz, Horn, Elfenbein oder Metall) erzeugt. Zu den bekanntesten gehören Balalaika, Mandoline, Banjo, Gitarre, Harfe, Laute und Zither.

Die auf einer Amphore abgebildete Kithara (345) ist eine Nachfolgerin der Phorminx und eine frühe Form der Leier. Sie war das Begleitinstrument der Epiker, auch Homers, des ersten wandernden Rhapsoden, der an ionischen Fürstenhöfen lehrte und seine eigenen Lieder vortrug.

Die Lyra oder Leier wurde der Sage nach vom Schelm unter den Göttern, Hermes, erfunden: Auf einer seiner Wanderungen sah er ein Schildkrötengehäuse, das mit einer verdorrten Sehne überspannt war. Er zupfte an der Sehne und die Schalenleier war geboren, auf der künftig nicht nur sein Götterkollege Apollo, sondern auch Menschen ihre Gesänge begleiteten. Vermutlich im Hinblick auf diese Sage, heißt die Laute auf lateinisch auch testudo (= Schildkröte).

Angeregt durch den Klang der Lyra, erstellten die Pathagoreer schon 500 v. Chr. die Lehre von der Sphärenharmonie, d. h. den für Menschen unhörbaren Tönen sich bewegender

345

346

347

348

349

350

351

352

353

Himmelskörper. Eine Art wissenschaftliche Bestätigung erfolgte vor kurzem durch die Aufnahme von Weltraumradiosignalen, s. S. 80.

Der 'Harfenspieler von Keros', eine um 2000 v. Chr. entstandene Statue, ist auf (346) gezeigt. Die Berechtigung der Bezeichnung 'Harfenspieler' ist fraglich, da sich dieses Instrument seltsamerweise nicht, wie die anderen, von Griechenland aus in Europa verbreitete. Die ersten Nachweise stammen aus dem Ägypten und Mesopotamien des 3. Jahrtausends v. Chr. sowie von den Germanen der Bronzezeit (2000–1000 v. Chr.). Ungeklärt ist, warum die Harfe plötzlich im 8. Jh. in Irland auftauchte und erst von dort über England ihre Weiterverbreitung fand. Auf irischen Münzen ist noch heute auf der Rückseite eine Harfe geprägt. Die Minnesänger verwendeten sie später nicht nur als Begleitinstrument, sie spielten auch Solostücke darauf. Die Marke (348) zeigt eine Harfe mit Pedalmechanismus, der die Hände beim Spiel entlastete. Diese Tretharfe soll 1720 von dem Harfinisten Hofbrucker entwickelt worden sein. Bis zum Anfang des 19. Jh.s war sie beim Adel ein beliebtes Hausmusikinstrument. Die ersten Kompositionen für Harfe sind uns aus dem Anfang des 17. Jh.s überliefert. Sie diente Händel, Haydn und Mozart als Soloinstrument in der Kammermusik und wird seit der Romantik in Opernmusik, sinfonischen Dichtungen, Chor- und Solowerken wie auch in der Jazz-Musik eingesetzt.

Aus einer Serie über Musikinstrumente sind hier zwei Mandolinenarten gezeigt: eine italienische Mandolone (349) und eine mongolische Morin Chuur (350).

Die Zither, dem Psalterium ähnlich, brachten im 12. Jh. die Araber nach Europa. Zitherartige Instrumente kannte man in allen Musikkulturen. Die heute bekannte Form entwickelte sich im 18. Jh. Nachdem sie im 19. Jh. technisch verbessert worden war, eroberte sie sich erst in den Alpenländern und dann über den ganzen deutschsprachigen Raum hin einen festen Platz in der Volks- und Unterhaltungsmusik. Das abgebildete Instrument (351), eine 1891 im Vogtland gebaute Konzertzither, hat auf dem Griffbrett 30 Bünde, darüber sind 5 Melodiesaiten gezogen. Hinter dem Griffbrett sind 27 Begleitsaiten angebracht. Das Schalloch ist mit Elfenbein eingefaßt. Sie hat sich auch nach Nordeuropa ausgebreitet, wie die Zither für norwegische Volksmusik zeigt (352). Originalkompositionen, wie jene für den Film Der dritte Mann, gibt es nur wenige für dieses Instrument. Ein primitives Zupfinstrument, die Maultrommel oder Mundharfe, die mit den Zähnen gehalten wird, wodurch der Mund als Resonanzraum dient, ist auf (353) zu sehen. Der Theorielehrer Beethovens, *Johann Georg Albrechtsberger* (1736–1809), schrieb ein hübsches Konzert für Maultrommel, Mandola (eine Abart der Laute) und Orchester.

Streichinstrumente

Die heutige Form der Violine hat sich im Gegensatz zu den Tasteninstrumenten seit dem 17. Jh. nur unwesentlich verändert. Neukonstruktionen des 20. Jh.s haben zwar etwas größere Klangfülle, sonst aber keine bemerkenswerten Verbesserungen erzielt. Man verwendet heute allerdings Metallsaiten anstelle der weniger stark gespannten Darmsaiten, durch die ein weicherer Klang erzeugt wurde.

Seitdem Monteverdi und Corelli die 4-saitige Violine in Opern- und Kammermusikorchestern einsetzten, hat sie sich einen dominierenden Platz als Orchester- und Soloinstrument erobert. Auch in der Volksmusik spielt sie als Nachfahre der Fidel eine überragende Rolle.

Antonio Stradivari (1644–1737), einer der bedeutendsten Meister der Geigenbaukunst (354), war Schüler von N. Amati, dessen Bauform er zunächst übernahm. Seit etwa 1690 entwickelte er eine eigene Geige: die Stradivari-Form, breit, mit vollendeten Proportionen, goldgelbem Lack und vollem Ton. Seine Instrumente (Geigen, Bratschen, Celli) genießen Weltruf.

Zwei Streichinstrumente aus dem 18. und 19. Jh. zeigt die Markenserie der ČSSR: Eine frühe Form der 4-saitigen Geige (355) und das 5-saitige Tenorquinton (356). Das Quinton ist ein in Frankreich im 17. und 18. Jh. entwickeltes 5-saitiges Streichinstrument, das die höchste Stimme im Streichensemble war.

Eine Geige für norwegische Volksmusik ist auf (357) dargestellt.

Die auf (358) abgebildete prächtige Rad- oder Drehleier ist vermutlich (die Signatur wurde entfernt) eine Arbeit von G. Louvet, Paris, aus dem Jahre 1750. Bei dieser schon im 10. Jh. bekannten Instrumentenart werden die 1–2 Melodiesaiten nicht mit den Fingern, sondern durch seitlich am Griffbrett liegende federnde Stoßtasten verkürzt. Die 2–4 Bordunsaiten, von denen eine als Schnarrsaite ausgebildet ist, schwingen zur Melodie immer in gleicher Tonhöhe mit. Alle Saiten werden von dem etwa zur Hälfte aus dem Korpus herausragenden und durch eine Kurbel angetriebenen Scheibenrad angestrichen. Die Drehleier stand ursprünglich in hohem Ansehen, wurde im 16. Jh. zum Bettlerinstrument, erlebte aber durch die Schäferspiele des französischen Hofes und des Bürgertums vor der Revolution von 1789 eine neue Blüte.

Die italienische Lira da Gamba (Gambe) ist eine Kniegeige aus dem 16. Jh. Das auf der Marke (359) gezeigte Instrument wurde 1592 von A. Brensius in Bologna angefertigt und hat einen flachen, oben abgedachten Bogen, 11 Griffbrett- und 2 Bordunsaiten, Wirbel und 3 Schallöcher, von denen das unter den Saiten liegende mit einer Rosette verziert ist.

Tasteninstrumente

Neben der Drehleier ist das älteste Tasteninstrument das Klavichord, das etwa im 12. Jh. entstand. Die frühe Form besteht aus einem flachen Kasten mit gleichlangen, nicht abgestimmten Saiten, wobei die Tastatur senkrecht zu den Saiten orientiert ist. An der Rückseite der Tasten befinden sich Metallplättchen, die gegen die Saiten schlagen. Anfang des 16. Jh.s besaß das Klavichord mehr Tasten als Saiten, wodurch man auf ein und derselben Saite unterschiedliche Töne erzeugen konnte. Später ordnete man jeder Saite eine Taste zu. Ein Klavichord aus Mozarts Zeit zeigt die Marke (361), deren Gummierung übrigens nach Pfefferminz schmeckt.

Das erste Hammerklavier baute 1709 der Florentiner B. Christoferi. Bei diesem Instrument erfolgte der Anschlag durch Hämmerchen. Eine wesentliche Verbesserung der Mechanik und Filzbeläge auf den Anschlaghämmerchen führte der Franzose S. Erart 1821 ein. Der Tonumfang heutiger Klaviere beträgt 7 Oktaven (85 Töne). Dagegen besaß das Klavichord um 1500 nur 3 und erst im frühen 19. Jh. 6 Okatven. Ähnlich vergrößerte sich der Tonbereich des Cembalos von 3 im 16. Jh. auf 5 Oktaven im 18. Jh.

Man unterscheidet je nach Saitenorientierung zwei Arten: Das Pianoforte (senkrechter Verlauf der Saiten) und den Flügel (Saiten in Richtung der Tasten). Seit seiner Erfindung ist das Klavier neben der Geige das Hauptinstrument auf allen Gebieten des Musikschaffens. Tasteninstrumente sind den Komponisten unentbehrlich, um ihre Ideen 'zum Klingen' zu bringen.

354

357

355

356

361

363

359

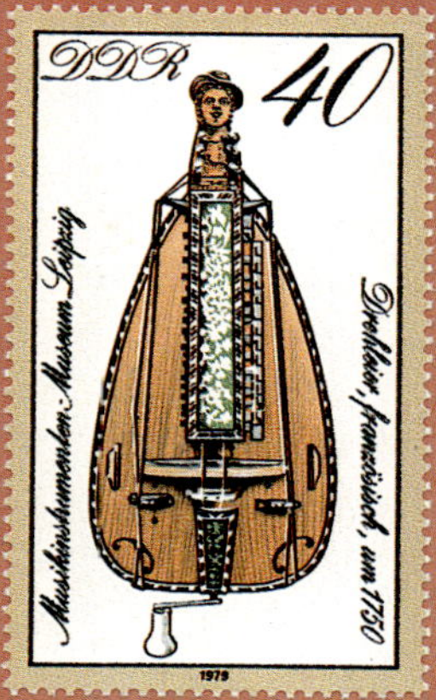

358

362

360

Die wesentlichen Erfindungen und Weiterentwicklungen dieser Instrumentenart erfolgten in rascher Folge zu Mozarts und Beethovens Lebzeiten. Von den im 18. Jh. bekannten Tasteninstrumenten Orgel, Klavichord und Cembalo wurden die letzten beiden im 19. Jh. durch das Hammerklavier verdrängt. Zu Mozarts Zeiten waren Klang und Aufbau dieses Instrumentes (360) noch dem Cembalo ähnlich, doch bereits Beethoven spielte auf einem klangvolleren und lauteren englischen Flügel, der ihm eine Weile über seine zunehmende Taubheit hinweghalf.

In dem Bestreben, eine flache Kastenform zu wahren, entstand der von E. Friederici 1745 entwickelte Pyramidenflügel mit senkrecht verlaufenden Saiten, der ein Vorläufer des späteren Pianoforte ist. Die Marke (363) zeigt einen Pyramidenflügel mit eingebauter Uhr. Ein ähnliches Instrument war das zwischen 1750 und der ersten Hälfte des 19. Jh.s häufig gebaute Giraffenklavier, dessen Saitenkasten nicht konisch, sondern einseitig geschwungen war. Einen Pedalflügel aus dem 18. Jh. zeigt die Marke (362). Dieses bis zum 20. Jh. beliebte Instrument besaß abgestimmte Saiten für die einzelnen Pedale, die man mit den Füßen betätigte; es wurde deshalb auch von Organisten für Übungen benutzt. Das heute übliche kreuzsaitige Klavier wurde von H. Steinweg (-way) 1859 in New York erfunden.

BLASINSTRUMENTE

Nichtmetallisch

Einen Hornbläser aus dem biblischen Zeitalter zeigt (364). Auf den Marken (365) und (366) sind ein norwegisches Bockshorn sowie eine Weidenflöte dargestellt.

Die Marke (367) zeigt einen Panflötenspieler. Die Panflöte, die aus verschiedenlangen Bambus- oder Schilfrohrstücken zusammengebunden wird, war schon im 6. Jh. v. Chr. bekannt. Mozart läßt Papageno in der Zauberflöte darauf spielen. Sie ist außer in der chinesischen Opernmusik kein fester Bestandteil eines Orchesters, wird aber gelegentlich als Soloinstrument in Musikstücken – besonders des Balkans – gehört.

Die Marken (368) und (369) zeigen alte Holzblasintrumente, die auch heute noch gespielt werden. Wahrscheinlich ist die Flöte (368, Mitte) bei welcher der Ton durch Brechung des Luftstromes an einer scharfen Kante entsteht, das älteste Blasinstrument überhaupt. Bereits in der Steinzeit spielte man auf Knochenflöten, im 3. Jahrtausend v. Chr. hatte sie im ägyptischen Musikleben als Bambusflöte große Bedeutung. Die Blockflöte, die sich in der Hausmusik im 17. Jh. in Europa durchsetzte, erhob man in England sogar zum Nationalinstrument. Sie wurde in Deutschland um 1750 von der Querflöte (369, schräg liegend) verdrängt, die schon im 9. Jh. v. Chr. in China bekannt war. Erst im 12. Jh. kam sie nach Europa und wurde im 18. Jh. das Lieblingsinstrument der Aristokraten. Nicht nur Friedrich der Große, sondern auch bürgerliche Musiker entfachten damals eine wahre ‘Flautomanie’, die bis ins 19. Jh. hineinreichte. Seit den technischen Verbesserungen durch Th. Boehm 1850 gehört sie zu den führenden Instrumenten in der Holzbläsergruppe der Orchester.

Die Klarinette (369, rechts) ist das jüngste Instrument des klassischen Sinfonieorchesters. Das abgebildete Instrument wurde 1830 von G. Zenker in Adorf gebaut und besitzt 5 Klappen. In dem schnabelförmigen Mundstück befindet sich ein aufschlagendes Rohrblatt. Die heutige Form wurde 1690 von dem Nürnberger J. Chr. Denner entwickelt, der auch den unteren Tonbereich erweiterte. Mozart schrieb ein Quintett und ein Konzert für sie. Ihre Blütezeit

364

365

367

369

366

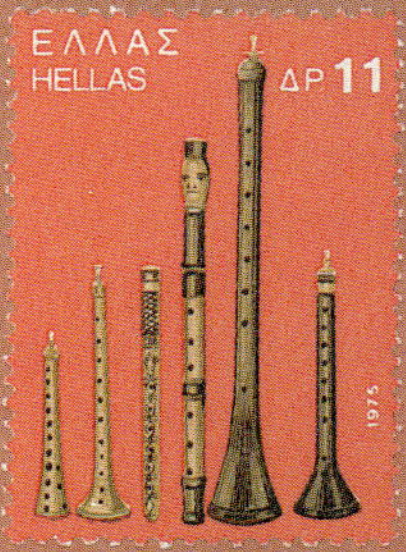

368

370

371

hatte die Klarinette in der Romantik, hauptsächlich durch Werke von Weber und Mendelssohn-Bartholdy. Auch später spielte sie in der Kammermursik eine gewichtige Rolle, dies zeigt beispielsweise Brahms Klarinettenquintett. Hindemith und Copland schrieben Konzerte für sie, und Bartók komponierte für den beliebten Jazzklarinettisten Benny Goodman, den 'King of Swing', sein Werk Contrasts. Nachdem sie eine Zeitlang als Melodieinstrument in der klassischen Jazzmusik dominierte, wurde sie nach dem ersten Weltkrieg durch das Saxophon verdrängt.

Die Schalmei (368, rechts) gilt als Vorläufer der Oboe und stammt aus Vorderasien. Sie gelangte aus dem arabischen Raum nach Europa und galt im 15. Jh. als ritterliches Instrument; später wurde sie von Spielleuten und Türmern übernommen. Sie hat wie der Dudelsack im Mundstück ein doppeltes Rohrblatt.

Die Oboe, gezeigt auf der Marke (369, Mitte), war eines der meist gespielten Blasinstrumente der Antike. Euterpe, die Muse des Flötenspiels und des lyrischen Gesanges, wurde häufig Doppeloboe spielend dargestellt. Das abgebildete Instrument wurde 1785 von Otto in Markneukirchen, einem damaligen Zentrum für Holzblasinstrumente, gebaut. Es besaß zwei Messingklappen. Die Oboe mit zweifachem Rohrblatt und konischer Bohrung war schon im 3. Jahrtausend v. Chr. in Mesopotamien bekannt. Nachdem man im 17. Jh. ihre Klappenzahl auf 4 und später auf 10 erhöht hatte, wurde sie zum wichtigsten Instrument des Barockorchesters. In Deutschland setzte sie sich erst im 18. Jh. durch. J.S. Bach verwendete Oboen paarweise in seinen Kantaten. Bekannte Oboenkonzerte schrieben Vivaldi, Telemann, Mozart und Strauss.

Dudelsäcke (370) und (371), siehe Kapitel Balginstrumente.

Metallisch

Einen Tubabläser und eine gestreckte Trompete aus dem biblischen Zeitalter zeigen (372) und (373). Eine Trompete aus jüngerer Zeit, von 1860, ist auf der Marke (374) zu sehen. Sie entstammt der Werkstatt des J. Dürrschmidt in Markneukirchen und ist mit drei Trommelventilen versehen, die sich ab 1813 durchsetzten. Diese mechanische Vorrichtung, durch deren Betätigung eine Rohrverlängerung geöffnet wird, erlaubte erstmals, außer den Naturtönen (Grund- und Obertönen) auch die dazwischenliegenden zu erzeugen. Während die Bläser in der Barockzeit mit ihren ventillosen Trompeten nur Naturtöne hervorbrachten, konnte damit die chromatische Tonleiter gespielt werden.

Das ursprünglich aus Asien zu uns gekommene Instrument durfte in Europa lange Zeit nur von fürstlich privilegierten Musikern geblasen werden. Heute unterscheidet man Konzert- und Jazztrompeten. Während die erstere Zylinder- oder Drehventile hat, besitzt die schlankere Jazztrompete Pumpenventile. Die meisten Sinfonieorchester setzen heute in der Bläsergruppe anstelle der Konzerttrompete nur noch die moderne Jazztrompete ein.

William Christopher Handy (1873–1958), Jazztrompete spielend (375), ist als Vater des Blues in die Jazzmusikgeschichte eingegangen. Er fing Melodie und Rhythmus der Negerlieder in seinen Kompositionen ein und erreichte, daß der Blues nicht nur in Bordellen und Kneipen gespielt, sondern 'respektabel' wurde. Sein Meisterwerk ist der St. Louis Blues. Völlig erblindet trat er noch bis kurz vor seinem Tode in Fernsehen und Rundfunk auf.

Die Marke (378) zeigt ein Waldhorn aus dem 19. Jh. Eine kleinere Ausführung ist das ein- bis mehrfach gewundene Posthorn, für das Mozart ein Konzert komponierte. Ein

372

374

376

377

373

378

375

379

380

381

anderes Instrument dieser Art ist das französische Kornett, ein der Trompetenform angenähertes kleines Horn mit Ventilen.

Auf der Marke (379) ist ein z.T. aus Holz bestehender französischer Serpent aus dem 17./18. Jh. zu sehen, den sogar noch Wagner in seinem Rienzi einsetzte. Dieses Instrument, auch Kontrabaßzink genannt, ist schlangenförmig gebogen, damit beide Gruppen der Grifflöcher trotz der Länge des Instruments nahe zusammenliegen.

Das auf (380) abgebildete Tenorflügelhorn wurde um die Mitte des 19. Jh.s von J. Schneider in Augsburg gebaut und ist das Endprodukt einer langen Reihe von Experimenten. Nach der Erprobung verschiedener Formen, Mensurverhältnisse und Ventiltypen wurde mit dem abgebildeten Instrument eine technisch reife und klanglich befriedigende Lösung gefunden. Das Flügelhorn hat zwar gleiche Bauart und Stimmung (B oder Es) wie die Konzerttrompete, besitzt jedoch einen Körper mit größerem Rohrdurchmesser. Sein Ton ist weicher als der der Trompete.

Ein neueres Blasinstrument mit Klarinettenschnabel und aufschlagender Zunge, das Saxophon, wurde um 1846 vom Sohn des belgischen Instrumentenbauers *Antoine Joseph Sax* (1814–1894) erfunden, der auf der Marke (377) zu sehen ist. Sax erlebte die große Beliebtheit dieses Instruments nicht mehr, das bald in allen Tanzorchestern dominierte. Im Dritten Reich war es als 'Niggertute' diffamiert, wahrscheinlich weil ihr sanfter und biegsamer Klang nicht heldisch genug für die Ohren der Herrenmenschen war. Obgleich es mehrere tausend Kompositionen ernster Musik für Saxophon u.a. von Verdi, Berlioz und Hindemith gibt, werden sie in Deutschland kaum aufgeführt.

Noch jünger als das Saxophon ist das von Sousa (134) kurz vor Ende des 19. Jh.s entwickelte Sousaphon, das die Marke (276) zeigt. Es ist eine 1,3 Meter hohe helikonförmige Baßtuba mit großer Klangfülle. Außer in amerikanischen Militärkapellen wird es auch in Jazzbands mit großer Besetzung gelegentlich eingesetzt.

Eine Liechtensteiner Blaskapelle aus Mauren zeigt (381). Die Zusammenstellung der Instrumente ist typisch für Trachtenkapellen: Trompete, Tuba, Klarinette, Posaune und Baßtuba.

BALGINSTRUMENTE

Die Orgel ist das schönste, größte und vielseitigste Musikinstrument, das Wirkung und Klangfülle eines ganzen Orchesters besitzt und dazu von nur einem Musiker gespielt wird. Mozart schrieb an seinen Vater: „... die Orgel ist doch in meinen augen und ohren der könig aller instrumenten“ und Balzac meinte: „Die Orgel ist ohne Zweifel das größte, das kühnste und das herrlichste aller von menschlichem Geist erschaffenen Instrumente.“

Zwischen dem ersten bekannten orgelähnlichen Musikinstrument, der Mundorgel, bis zur modernen Elektronenorgel liegen etwa 3500 Jahre. Die chinesische Mundorgel kannte man schon um 1500 v.Chr. Eine Kürbisschale diente als Windkasten, in dem bis zu 36 Bambuspfeifen verschiedener Länge steckten. Eine weitere Orgelart, die römische Wasserorgel, in der die Luft durch Wasserdruck in die Pfeifen gepreßt wurde, war seit dem 3. Jh. v. Chr. verbreitet. Vorläufer der heutigen Orgel sind bereits im 4. Jh. n. Chr. gebaut worden.

Die ersten Kirchenorgeln wurden 757 in Frankreich und 826 in Deutschland (im Aachener Münster) gebaut. Die Klaviatur für das Spiel mit den Füßen, das Orgelpedal, erfand erst wesentlich später, Endes des 13. Jh.s, der Brabanter Glockenspieler Louis van Valbeke.

382

383

384

387

385

386

390

388

389

391

Eine frühe Bauart aus dem 16. Jh. zeigt die Marke (382). Vier Orgeln, im 18. Jh. von dem berühmten Freiberger Orgelbauer Gottfried Silbermann gebaut, sind auf (383) bis (386) zu sehen. Die Orgel der Georgenkirche in Rötha (383) wurde 1721 durch den Thomaskantor Joh. Kuhnau (s. S. 23) abgenommen, der feststellte, daß „das Werk einen angenehmen und silbernen Klang" hatte. Die bedeutendste der noch erhaltenen Silbermann-Orgeln ist die des Freiberger Domes (384), die nach mehr als dreijähriger Arbeit 1714 fertiggestellt wurde. Nach Silbermanns Angaben benötigte er dazu folgende Werkstoffe: 20 Zentner Zinn, 18 Zentner Blei, 100 Schaffelle, $1^1/_2$ Zentner Spanisch-Weiß, 8 Pfund Wismut, 12 Pfund Kolophonium, 300 eichene Rahmenschenkel zu den Windladen, 150 tannene Dielen, 50 eichene Dielen, 2 Zentner Leim, 12 Pfund Ebenholz zu den drei Klavieren, 12 Pfund Elfenbein zu den Halbtönen, 41 Pfosten zu den Blasebälgen, 20 Pfund Messingblech, 24 Pfund Messingdraht, 36 Ellen Barchent zum Blättergießen, 1 Fuder Kohlen zum Löten. Die Arbeiten an der Frauenreuther Orgel (385) wurden 1742, die an der Orgel der katholischen Hofkirche in Dresden (386) 1753 beendet. Den Bau der letzteren konnte der 70-jährige Silbermann nicht mehr ganz vollenden.

Österreich gab eine Marke mit der herrlichen Barockorgel der Stiftskirche von St. Florian (388), der sogenannten Brucknerorgel, und eine mit der Orgel des großen Musikvereinssaals in Wien heraus (387). Die 1945 zerstörte Barockorgel auf der Westempore des Stephansdoms zeigt Marke (389), die einer Serie zu seinem Wiederaufbau entnommen ist.

Als europäische Besonderheit sei die Wasser-Lichtorgel von Plankten und Blohmen in Hamburg erwähnt, in der die Orgelmusik mit farbig beleuchteten, auf- und niedergehenden Wasserfontänen begleitet wird. Die größte Wasser-Lichtorgel der Welt befindet sich in Kuweit. Die von einem deutschen Großkonzern gebaute Anlage besteht aus drei riesigen Becken mit einer Wasserfläche von 3500 m^2, einem Wasserkreislauf von 5,6 Millionen Litern pro Stunde und 1300 Farbscheinwerfern!

Eine andere Abart war die viel Aufsehen erregende Dampforgel Kalliope, die 1860 erstmal im Londoner Kristallpalast vorgeführt wurde. Der Erfinder räumte allerdings ein, daß seine Orgel wegen der Menge der ausströmenden Dampfwolken in Konzertsälen nur bedingt brauchbar sei. Dafür könne man aber bei Erhöhung des Dampfdruckes die Musik in Entfernungen bis zu 25 englischen Meilen hören.

Das Bild einer Drehorgel, auch Leierkasten oder Laterna genannt, ist der griechischen Sonderausgabe für Volksmusikinstrumente entnommen (390). Das am weitesten verbreitete Balginstrument, das Akkordeon (mit Faltenbalg), ist auf der Marke (391) dargestellt, das von dem Klingenthaler Instrumentenmacher Bernhard Glass 1900 gefertigt wurde.

Dudelsäcke, auch Sackpfeifen genannt, sind auf den Marken (370) und (371) zu sehen. Der Dudelsack, den es schon im 1. Jahrtausend v. Chr. in Asien gab, wird heute in der Volksmusik und in englischen Militärkapellen gespielt und ist das schottische Nationalinstrument. Er wurde nur aus Platzgründen in der Bildtafel der nichtmetallischen Blasinstrumente aufgenommen, denn er gehört eigentlich zu den Balginstrumenten, da die Luft in einen Behälter (Balg) geblasen wird, bevor man sie in die eigentliche Schallröhre preßt.

Postalisches: Während aus philatelistischer Sicht der Zuschlag auf Wohltätigkeitsmarken höchstens die Hälfte des postalischen Nominalwertes betragen darf, forderte man mit der Stephansdom-Serie das vier- bis fünfache, d.h. bei ihr handelt es sich eigentlich nicht um Brief-, sondern um Spendenmarken; siehe (389): 30 Groschen Frankaturwert und 1 Schilling 20 Groschen Zuschlag.

392

393

394

396

395

397

398

399

400

401

SCHLAGINSTRUMENTE

Die Vielzahl der Schlaginstrumente, die zu den ältesten Musikgeräten gehören, unterteilt man allgemein in Schlag- und Membraninstrumente. Zu den ersteren gehören Kastagnetten, Becken, Glocken, Xylophon, Triangel und zu den letzteren Trommeln, Pauken und Tambourin.

Auf den Marken (392) und (393) sind zwei Schlaginstrumente aus der Antike dargestellt. (392) zeigt einen Musiker mit der Cymbal. Aus diesen metallenen oder hölzernen tellerartigen Geräten entwickelten sich später die Becken. Ein Vorläufer der heutigen Schellen ist auf (393) zu sehen. Zusammen mit zwei langen Pferdeschweifen an einem Schellenbaum befestigt, waren sie bis Ende des zweiten Weltkrieges die Prunkstücke der Infantriekapellen.

Das Tambourin, auch Schellentrommel genannt, ist ein einseitig mit Fell bespannter Reifen, in dem flache Schellen eingelassen sind. Es wird heute vor allem in der Volksmusik Spaniens und Griechenlands geschüttelt, gerieben und geschlagen. Eine griechische Art, Defi genannt, zeigt die Marke (394).

Aus der Vielzahl ein- und zweifelliger Schlaginstrumente sind eine Trommel aus dem 16. Jh. auf (395) dargestellt und mehrere moderne in verschiedenen Größen auf (396). Zwei afrikanische Trommeln, die eine mit Hocker, die andere mit Tragband, zeigen die Marken (398) und (399).

Ein Zimbelspieler ist auf (397) abgebildet. Die Zimbel, früher auch Hackbrett genannt, besteht aus einem saitenbespannten flachen Körper. Das mit Holzklöppeln gespielte Instrument ist in der Zigeunermusik sehr beliebt.

Eine primitive Form des Xylophons, das sich im Nationalmuseum des Tschad befindet, zeigt (400). Dieser 'Holzklinger' besteht aus abgestimmten, auf Strohrollen gelagerten Holzstäben, die mit Holzklöppeln geschlagen werden. Deshalb wurde das Gerät im Mittelalter auch 'Strohfidel' genannt. Xylophone wurden in Asien in verschiedenartigen Ausführungen zu hoher Vollkommenheit entwickelt. In europäischen Orchestern fanden sie erst im 19. Jh. Eingang. Eine bekannte Weiterentwicklung ist das Marimbaphon Afrikas, bei dem sich unter den Holzstäben Resonator-Röhren befinden.

Den Abschluß bildet der älteste auf Marken dargestellte Tonerzeuger, ein Klingstein aus dem alten China (401). Dieser Phonolith mit eingemeißeltem Tigerdekor wurde in der Provinz Honan gefunden und stammt aus der Shang-Dynastie des 14. Jh.s v. Chr. Phonolithe wurden übrigens nicht nur als 'Steinklinger' zum Musizieren verwendet, sondern dienten auch als Baumaterial und zerkleinert als Düngemittel (Alkalifeldspat). Ein 'Steinklinger' mit chromatischer Tonleiter erregte 1855 in Paris Aufmerksamkeit: Über einem Resonanzboden waren 26 Kieselsteine aufgehängt, die „durch Handhabung zweier ähnlicher Steine zum harmonischen Klingen gebracht werden." Obgleich der Erfinder schwer arbeitete – 30 Jahre brauchte er, um die passenden Steine für zwei Tonleitern zu sammeln –, hat das Instrument in philharmonischen und anderen Orchestern keinen 'Anklang' gefunden.

LITERATUR

1 L. Bernstein: The Unanswered Question, Six Talks at Harvard, Harvard University Press, Cambridge (Mass.) 1976.

2 Michelkatalog, Schwaneberger Verlag, München.

3 A. Hutchings: Mozart, the Man, Phonogram Int. B.V. Baarn, Niederlande, 1976.

4 Lipsia Katalog, Transpress VEB Verlag für Verkehrswesen, 6. Aufl., Berlin 1981.

5 Brockhaus Riemann Musiklexikon, F. A. Brockhaus Verlag, Wiesbaden 1979.

6 G. Megla: Achilles Verse, Christians Verlag, Hamburg, 1982.

7 M. Pasi: Ballett, Drei Lilien Verlag, Wiesbaden, 1980.

8 E. Hanslick: Aus dem Concertsaal. Kritiken und Schilderungen aus den letzten 20 Jahren des Wiener Musiklebens, 1848–1868, Verlag Bruckmann, 2. Aufl., München und Berlin 1886.

9 U. Häger: Großes Lexikon der Philatelie, Bertelsmann Lexikon Verlag, 1973.

10 Argument, Sonderbände AS 5: Hanns Eisler, Argument Verlag, Berlin 1975.

Anhang

PHILATELISTISCHES

Bereits die ersten aufklebbaren Briefmarken, vom Reformator des britischen Postwesens, Sir Rowland Hill, 1840 eingeführt, waren hervorragende graphische Kunstwerke. Damals wurde eines der schönsten Sammelgebiete geboren, das sich wachsender Beliebtheit erfreut; hauptsächlich deshalb, weil nicht nur regierende Persönlichkeiten, sondern alle Bereiche des politischen, naturwissenschaftlichen und kulturellen Lebens auf Marken dargestellt werden. Im allgemeinen unterscheidet man zwischen Ländersammlungen, die am weitesten verbreitet sind und Motivsammlungen, zu denen das vorliegende Buch Anregungen geben kann. Während der Ländersammler nach Komplettierung strebt, hat der Motivsammler die Freiheit, sich die Marken seines Interessengebietes auszuwählen. Ist ihm eine Marke zu teuer, kann er sie weglassen, ohne daß eine irritierende Lücke entsteht.

Eine Sammlung ist nur dann interessant, wenn man nicht nur die Marken hortet, sondern auch in die Materie eindringt und sich in Einzelheiten vertieft. Das gilt auch für Ländersammlungen, denn Briefmarken dokumentieren in unbestechlicher Weise die geschichtlich-politische und kulturelle Entwicklung eines Landes. Leider hat die Flucht in die Sachwerte viele Philatelisten zu reinen Geldanlegern gemacht (und umgekehrt). Ihnen wurde damit Freude, Entspannung und innere Zufriedenheit, die das Sammeln geben kann, genommen. Ciceros Ausspruch, die Sammelleidenschaft des Besitzers mache den Wert einer Sammlung aus, gilt für Briefmarken heute kaum noch. Übertriebene Preisanstiege und große Mengen von Neuerscheinungen erschweren es, Ländersammlungen zu komplettieren, was dazu führt, daß so mancher seine anfängliche Begeisterung verliert und wegen unnötiger Lückenfurcht resignierend aufgibt.

Verwendet man dagegen Marken zur Dokumentation oder Illustration, ist man solchen Problemen nicht ausgesetzt, weil das gewählte Gebiet nach eigenen Gesichtspunkten aufgebaut wird. Abgesehen von der Komplettierungspsychose der Ländersammler, braucht der Motivsammler auch nicht unbedingt postfrische Marken zu Überpreisen zu kaufen, weil er weniger Wert auf die Qualität der Rückseite (Erstfalz, Nachgummierung etc.) legt als auf eine saubere Bildseite.

Der schöpferische Wert einer Motivsammlung erhöht sich, wenn man nicht nur die Marken des ausgewählten Gebietes sammelt und individuell zusammenstellt, sondern auch
- a) seine eigene Meinung z.B. über Werke der Malerei, Bildhauerkunst oder Musik zum Ausdruck bringt,
- b) anhand der erschienenen Postwertzeichen einen geschichtlichen Überblick gibt und
- c) interessante postalische Zusammenhänge aufzudecken versucht.

Unter diesen Voraussetzungen wird der Aufbau einer Motivsammlung nicht nur neue Erkenntnisse vermitteln, sondern auch großen Spaß bereiten, wie es der Autor beim Schreiben des vorliegenden Buches erfuhr.

Während die in den Abschnitten Komponisten und Ausführende behandelten Gebiete bereits kompletten Motivsammlungen nahekommen, sind in den Abschnitten Opern, Ballett, Volkstänze, Musikinstrumente nur einige, das Thema Musik abrundende Beispiele gebracht, um den Umfang des Buches zu begrenzen. Jedes dieser Gebiete erlaubt selbständige Sammlungen, wie z.B. die Entwicklung des Tanzes von den Anfängen bis zum heutigen Gesellschafts- und Modetanz – ein lohnendes Thema, schon wegen der vielen Tanzarten.

Weiterhin bietet die Vielzahl möglicher Betrachtungsweisen, wie Trachten, Bewegungsabläufe oder äußere Einflüsse – von Kirche, Staat und Gesellschaft –, weiten Spielraum.

Die Motiv- und Ländersammler können nur hoffen, sich noch recht lange an den kleinen graphischen Kunstwerken erfreuen zu dürfen und daß die fast 150-jährige Tradition, hübsche Postwertzeichen herauszugeben, nicht durch geschmacklose Automatenmarken abgelöst wird. Man fragt sich unwillkürlich: Muß denn alles Neue häßlich sein?

HINWEISE FÜR MOTIVSAMMLER

Wenn man bedenkt, daß es vier Millionen Briefmarkensammler in der Bundesrepublik gibt, die jährlich fast zwei Milliarden DM für ihre Liebhaberei ausgeben, jeder also im Durchschnitt 500 DM, dann erscheint es angebracht, einige Regeln und Hinweise auch für Motivsammler zu geben. Über allem steht, daß jeder Sammler Freude am Aufbau seines Gebietes hat und sich sein Vergnügen nicht durch Gebote und Empfehlungen verderben läßt. Das gilt für Länder- genauso wie für Motivsammlungen. Unglücklicherweise ist die Philatelie heute so stark kommerzialisiert, daß viele Briefmarkensammler zu Kapitalanlegern wurden, die nur gespannt auf den nächsten Katalog warten, um ihren Jahresgewinn zu errechnen. Umgekehrt wurden Investoren zu Briefmarkenspekulanten, was die Preise hochtrieb. Die Bezeichnung 'Aktie des kleinen Mannes' hat bei Laien falsche Hoffnungen erweckt und Verluste verursacht (Sammelobjekte zahlen keine Dividenden). Wer dagegen Bierdeckel, Streichholzschachteln, Muscheln, Etiketten von Weinflaschen oder Flugblätter sammelt, hat nur Spaß daran, weil er keinen materiellen Verlust befürchtet, sondern sich an seinen Schätzen erfreut und sie stolz den Freunden zeigt. Die erste Empfehlung für Motivsammler besteht deshalb darin, den Aspekt des Wiederverkaufs möglichst außer Acht zu lassen und die Freude am Sammeln uneingeschränkt zu genießen. Außerdem ist es äußerst schwierig, einen Käufer zu finden, der mehr als einen geringen Teil des Markenwertes einer Motivsammlung bezahlt. Es sei denn, ihn interessiert nicht nur das Gebiet, sondern er findet auch an der Art der Zusammenstellung, dem Aufbau und der Aufmachung besonders großen Gefallen.

Zweitens wird empfohlen, für derartige Sammlungen nicht nur Briefmarken, sondern alle philatelistisch interessanten Belege, wie Blocks, Zusammendrucke, Ersttagsbriefe, Ganzsachen, Maximumkarten und Probedrucke, zu sammeln. Dazu gehören durchaus auch verpönte Ausgaben wie die der 'Raubstaaten', die Sperrwerte der DDR und anderer Ostblockländer oder die aus spekulativen und propagandistischen Gründen erchienenen philatelistischen Belege. Hauptsache ist ihre Eignung für das Motiv, denn die Marken sind an den politischen Machenschaften der Regierungen völlig unschuldig. Nur die wenigen Sammler, die ihre Schätze auf Ausstellungen zeigen wollen, müssen dem Reglement der Fédération Internationale de Philatélie (FIP) folgen und sich entsprechend einschränken. Die FIP hat eine Kommission gegründet, die darüber entscheidet, „welcher Satz oder Block im Interesse der Sammler als schädlich, mißbräuchlich oder unerwünscht anzusehen ist."[9] Dabei werden die Ausgaben der Raubstaaten wie Nordkorea, Paraguay, Ungarn, Saudi Arabien, Bolivien usw. überwiegend abgelehnt. Darunter fallen auch die Sperrwerte und Ausgaben mit Zuschlägen von mehr als 50% des Nominalwertes der Marke.

Abgesehen davon, daß nur wenige Sammler diese Regeln wirklich ernst nehmen, sollte sich besonders der Motivsammler durch die Reglements nicht einengen lassen. Die Beispiele in diesem Buch zeigen das anschaulich: Viele Raubstaaten- und Sperrmarken wurden aufgenommen, weil sie schön oder interessant sind, so beispielsweise zu Brahms, der vor 1983 nur von einem Raubstaat gewürdigt worden war. Nähere Einzelheiten sind aus der Katalogisierung zu entnehmen.

Natürlich ist es auch völlig gerechtfertigt, das Essay mit Wagners Kopf zu zeigen, zumal seine Würdigung oft vorgeschlagen, aber von den meisten deutschen Postverwaltungen abgelehnt wurde.

Um die Reinheit einer Motivsammlung zu gewährleisten, wird man aber alles nichtphilatelistische Beiwerk, wie Vignetten, Souvenierblocks, Spenden- und Julmarken (Seals), meiden. Ausnahmen hiervon sind nur dann zulässig, wenn man den beschreibenden Text anschaulicher gestalten will, wie z.B. eine Landkarte, die den Weg von Zugvögeln zeigt.

Während anfänglich die Motivkommission der FIP und andere Vereine sich an Definitionen, wie 'Thematische Motivsammlung', 'Sammlung nach Ausgabezweck', 'Motto-, Bildmotiv-, Minimotiv-, Hauptmotiv-, Nebenmotiv- und Sondergesichtspunktmotivsammlungen' versuchten, sollte man besser folgende drei Arten unterscheiden, die gewisse Richtlinien und Anleitungen für Motivsammlungen vermitteln können:

a) Grundsammlungen:
In Grundsammlungen sind alle philatelistischen Dokumente eines Motivs, z. B. Geigen, oder Themas, z. B. Kirchenmusik, entweder nur chronologisch oder länderweise und chronologisch enthalten. Die Beschriftung der Albenblätter fehlt oder beschränkt sich auf einfache Bildlegenden. Diese Art ähnelt in vieler Hinsicht der traditionellen Ländersammlung.

b) Thematische Sammlungen:
Hierunter versteht man Sammlungen, die durch die Aussagen von Briefmarken und philatelistischen Dokumenten ein Thema, z. B. Waffentänze, oder einen Leitgedanken, z. B. von der Mundorgel zur Hammondorgel, belegen und erläutern. Die Belege werden so ausgewählt, daß sie sich direkt auf das Thema oder den Leitgedanken beziehen. Im Prinzip sind Themen aus allen Bereichen wählbar, ihre Zahl ist daher nahezu unbegrenzt. Ihr Schwierigkeitsgrad reicht von sehr einfach bis sehr kompliziert. Streng abgegrenzte Motive können später ausgeweitet werden, d.h. jede Sammlung besitzt individuellen Charakter und stellt gewisse Ansprüche an den Sammler. Dafür bietet sie aber auch größere Befriedigung als eine Grundsammlung.

c) Dokumentarische Sammlungen:
Alle hierfür vorgesehenen Briefmarken und philatelistischen Dokumente beziehen sich auf einen bestimmten Themenkreis, z. B. Tanz, ein bestimmtes Motiv, z. B. Beethoven im Markenbild, oder einen gemeinsamen Ausgabeanlaß, wie Europa-, UPU- und Olympia-Ausgaben, der durch das Wirken von politischen, postalischen, ökonomischen, karitativen oder sportlichen Institutionen gegeben ist. Nach der philatelistischen Analyse der gesammelten Belege wird man sie nach einem System ordnen, damit die Sammlung nicht in der rein postgeschichtlichen Darstellung und Bearbeitung stecken bleibt. Bildlegenden und erklärende Texte sind hier zwangsläufig wesentlich umfangreicher. Der kostenmäßige Aufwand für dokumentarische Sammlungen ist im allgemeinen höher als für thematische oder Grundsammlungen.

Jede dieser drei Arten von Motivsammlungen ist nicht nur wegen der Neuerscheinungen ausbaufähig, sondern kann auf verwandte Gebiete wie die Geschichte des Tanzes, Volks-, Kinder-, Liebes-, Helden- und Kunstlieder, vertonte Weltliteratur oder Ausbildungsstätten für Musik erweitert werden. Autogrammjäger können Komponistenunterschriften auf Marken in ihre Motivsammlung einbeziehen, wie sie in den Bildtafeln mit (3), (32), (40), (93), (99), (105), (163), (177), (182), (183), (193) und (223) gezeigt sind. Weiterhin sind häufig Auszüge von Notenhandschriften abgebildet, so daß Autographsammlungen möglich sind. Beispiele sind auf den Marken (6), (28), (32), (40), (57), (63), (71), (79), (84), (93), (94), (95), (105), (155), (167), (177), (182), (183), (193), (199) und (223) zu sehen.

KATALOGISIERUNG (NACH BILDTAFELZIFFERN)

Abkürzungen der Ländernamen

Ads – Ajman
Alb – Albanien
AUY – Aden/Upper Yafa
Blg – Belgien
Bln – Berlin
BM – Böhmen u. Mähren
Bol – Bolivien
Bra – Brasilien
BRD – Bundesrepublik Deutschland
Bul – Bulgarien
Bur – Burundi
Cb – Cuba
Chi – Chile
Cnd – Canada
CSR – Tschechoslowakei
DDR – Deutsche Demokr. Republik
Dmk – Dänemark
DR – Deutsches Reich
Fld – Finnland
Frk – Frankreich
FrP – Französisch-Polynesien
Fud – Fudjeira
GB – Großbritannien
Gre – Grenada
Gri – Griechenland
Isr – Israel
Ita – Italien
Jam – Jamaica
Jap – Japan
KaS – Kathiri, State of Seiyun
Kol – Kolumbien
Lie – Liechtenstein
Mav – Malediven
Mex – Mexico
Mon – Monaco
Nic – Nicaragua
Nor – Norwegen
NV – Nord-Vietnam
Öst – Österreich
Par – Paraguay
Pol – Polen
Por – Portugal
RaK – Ras al Khaima
Rum – Rumänien
Sha – Sharjah
Spa – Spanien
SU – Sowjetunion
Swd – Schweden
Swz – Schweiz
Tsh – Tschad
Tür – Türkei
Ung – Ungarn
US – Vereinigte Staaten v. Amerika
Vat – Vatikanstaat
VCh – Volksrepublik China

Abkürzungen der Spalte Arten

B – Block
C – Blockmarke
E – Einzelausgabe
S – Satzmarke
Z – Zusammendruckmarke
m – mit Zuschlag
u – unerwünschte Ausgabe

Abb.	Darstellung	Land	Mi-Nr.	Art	Ausgabe-Anlaß
1	Guido (von Arezzo)	Ita	799	E	900. Todestag
2	Violin-(G-)Schlüssel	Bln	522	E	Chorfest
3	Nota quadrata und Notenschlüssel	BRD	741	E	300. Todestag von H. Schütz
4	Nota quadrata und Stimmgabel	BRD	380	E	Lied und Chor
5	Noten gerundet und Taktstriche	BRD	893	E	300. Todestag von P. Gerhardt
6	Viertelnote und Noten	Pol	1149	S	150. Geburtstag von F. Chopin
7	Noten des 20. Jh.s	Fld	896	E	Finnische Tonkunst
8	Notker (Balbulus)	Lie	816	S	Europamarke
9	Minnesänger-Block	Lie	8	B	800 Jahre Minnesänger
	Wolfram (von Eschenbach)	Lie	527	C	800 Jahre Minnesänger
	Reinmar (der Fiedler)	Lie	528	C	800 Jahre Minnesänger
	Hartmann (von Starkenburg)	Lie	529	C	800 Jahre Minnesänger
	Friedrich (von Hausen)	Lie	530	C	800 Jahre Minnesänger
10	Heinrich (von Stretlingen)	Bln	354	Sm	Jugend-Wohltätigkeit
11	Meinloh (von Sevelingen)	Bln	355	Sm	Jugend-Wohltätigkeit
12	Walter (von Metz)	BRD	614	Sm	Jugend-Wohltätigkeit
13	Walther (von der Vogelweide)	BRD	615	Sm	Jugend-Wohltätigkeit
14	Hildegard (von Bingen)	Lie	817	S	Europamarke
15	Guillaume (de Machaut)	Frk	2053	E	600. Todesjahr
16	Oswald (von Wolkenstein)	Öst	1541	E	600. Geburtstag
17	Sachs, H. – Buchtitel	BRD	877	E	400. Todestag
18	Luther, M.	BRD	149	E	Lutherischer Weltbund
19	Palestrina, G.P. de	Ita	1498	E	450. Geburtstag
20	Schütz, H.	DR	573	S	Schütz- u.a. -Feier
21	Monteverdi, C.	Ita	1230	E	400. Geburtstag
22	Gerhardt, P.	BRD	253	E	350. Geburtstag
23	Lully, J.B.	Frk	1111	S	Berühmte Männer
24	Corelli, A.	Ita	883	E	300. Geburtstag
25	Scarlatti, A.	Ita	1507	S	Freim. Künstler
26	Couperin, F.	Frk	1618	Sm	Wohltätigkeit
27	Vivaldi, A.	Mex	1616	S	300. Geburtstag
28	Telemann, G.Ph.	DDR	2610	E	300. Geburtstag
29	Bach, J.S.	RaK	586	Su	Komponisten-Gemälde
30	Bach, J.S., Handorgel	DDR	258	Sm	200. Todestag
31	Bach, J.S., Sänger	DDR	259	Sm	200. Todestag
32	Bach, J.S., und Noten	Bln	392	E	200 J. Brandenburgische Konzerte
33	Händel, G.F.	DDR	683	S	200. Todestag

Abb.	Darstellung	Land	Mi-Nr.	Art	Ausgabe-Anlaß
34	Händel, G.F.	BRD	315	C	200. Todesjahr
35	Händel, G.F.	DDR	308	S	Händelfest
36	Quantz, J.J.	Bln	454	E	200. Todestag
37	Pergolesi, G.B.	Ita	594	S	Wohltätigkeit
38	Stamitz, J.W.A.	CSR	1018	S	Prager Frühling
39	Haydn, J.	CSR	1161	S	150. Todestag
40	Haydn, J.	Ung	1620	S	150. Todestag
41	Haydn-Schiller Monogramm	Ung	29	B	150. Todestag
42	Ditterdorf, C.D. von	Öst	1470	E	175. Todestag
43	Grétry, A.E.M.	Blg	670	Sm	Wohltätigkeit
44	Cimarosa, D.	Ita	788	E	200. Geburtstag
45	Zelter, K.F.	Bln	91	S	Ber. Berliner Männer
46	Mozart, W.A.	RaK	643	Su	Mozartausgabe
47	Mozart, W.A., im Galakleid	RaK	644	Su	Mozartausgabe
48	Mozart, W.A.	Sha	728	Su	Mozartausgabe
49	Mozart, W.A.	Sha	730	Su	Mozartausgabe
50	Mozart, W.A.	DR	810	Em	150. Todestag
51	Mozart, W.A.	Rum	1612	S	Kulturserie
52	Mozart, W.A.	Frk	1172	S	Berühmte Persönlichkeiten
53	Mozart, W.A.	Bul	1009	S	Kulturserie
54	Mozart, W.A.	Öst	1024	E	200. Geburtstag
55	Mozart, W.A.	SU	1883	S	Große Persönlichkeiten
56	Mozart, W.A.	Blg	1038	Sm	200. Geburtstag
57	Mozart, W.A., und Familie	RaK	115 A	Bu	Mozartausgabe
58	Mozart, W.A., Bildnis	Mon	1470	Z	225. Geburtstag
	mit Vater und Schwester	Mon	1471	Z	225. Geburtstag
58	Mozart, W.A., dirigierend	Mon	1472	Z	225. Geburtstag
59	Beethoven, L. v.	Bln	87	E	125. Todestag
60	Beethoven, L. v.	Bul	2050	E	200. Geburtstag
61	Beethoven, L. v.	DDR	1537	S	Berühmte Persönlichkeiten
62	Beethoven, L. v.	Mon	992	E	200. Geburtstag
63	Komponisten und Notenhandschrift	BRD	2	B	Einweihung der Beethovenhalle
	Händel, G.F.	BRD	315	C	200. Todesjahr
	Spohr, L.	BRD	316	C	100. Todesjahr
	Beethoven, L. v.	BRD	317	C	Einweihung der Beethoven-Halle Bonn
	Haydn, J.	BRD	318	C	150. Todesjahr
	Mendelssohn-Bartholdy, F.	BRD	319	C	150. Geburtsjahr

Abb.	Darstellung	Land	Mi-Nr.	Art	Ausgabe-Anlaß
64	Beethoven, L. v.	Rum	2895	E	200. Geburtstag
65	Beethoven, L. v., und Noten	Kol	1330	E	150. Todestag
66	Beethoven, L. v., und Noten	Par	293	B	150. Todestag
67	Beethoven, L. v.	Ung	2598	E	200. Geburtstag
68	Beethoven, L. v.	SU	3824	E	200. Geburtstag
69	Beethoven, L. v.	Öst	1352	E	200. Geburtstag
70	Beethoven, L. v., und Orgel	Mav	689	S	150. Todestag
71	Beethoven, L. v., und Noten	Mav	690	S	150. Todestag
72	Beethoven, L. v., und Hörgerät	Mav	691	S	150. Todestag
73	Beethoven, L. v., Geigerin	Gre	907	S	150. Todestag
74	Beethoven, L. v.	Gre	904	S	150. Todestag
75	Beethoven, L. v.	CSR	1924	S	Berühmte Persönlichkeiten
76	Beethoven, L. v.	CSR	739	S	Prager Frühling
77	Beethoven, L. v., mit Schubert	Fud	67 A	B	200. Geburtstag
78	Hoffmann, E.T.A.	Bln	426	E	150. Todestag
79	Auber, D.F.E.	Frk	1742	Sm	Wohltätigkeit
80	Weber, C.M. v.	DDR	310	S	Händelfest
81	Gruber, F. und Mohr, J.	Öst	928	E	130 J. Stille Nacht
82	Krippe in Oberndorf	Öst	1276	E	150 J. Stille Nacht
83	Rossini, G.	Ita	1282	E	100. Todestag
84	Berwald, F.A.	Swd	601	S	100. Todestag
85	Schubert, F.	DDR	404	E	125. Todestag
86	Schubert, F.	Öst	1590	E	150. Todestag
87	Donizetti, G.	Ita	762	E	100. Todestag
88	Bellini, V.	Ita	856	E	150. Todestag
89	Lortzing, A.	DDR	309	S	Händelfest
90	Glinka, M.J.	SU	1916	S	100. Todestag
91	Berlioz, H.	RaK	277	Su	Komponisten-Gemälde
92	Mendelssohn-Bartholdy, F.	BRD	319	C	150. Geburtsjahr
93	Noten	DDR	677	Su	150. Geburtstag von Mendelssohn
94	Schumann, R.	DDR	528	Su	100. Todestag
95	Schumann, R.	DDR	542	S	100. Todestag
96	Schumann, R., Silhouette	BRD	234	E	100. Todestag
97	Chopin, F.	RaK	591	Su	Komponisten
98	Chopin, F.	Frk	1114	S	Berühmte Männer
99	Chopin, F., und Autogramm	Pol	2408	Z	Chopin-Wettbewerb
100	Liszt, F. v.	Ung	1480	Z	Tag der Briefmarke
101	Liszt, F. v.	Öst	1099	E	150. Geburtstag

Abb.	Darstellung	Land	Mi-Nr.	Art	Ausgabe-Anlaß
102	Liszt, F. v.	Ung	2330	S	Gemälde der National Gallerie
103	Liszt, F. v., Standbild	Ung	1794	S	150. Geburtstag und 75. Todestag
104	Dargomyschski, A. S.	SU	2797	E	150. Geburtstag
105	Wagner, R., Noten und Autogramm	BRD	566	E	100 Jahre Meistersinger
106	Wagner, R.	BM	129	S	130. Geburtstag
107	Wagner, R.	DDR	955	Su	Berühmte Künstler
108	Wagner, R.	SU	2766	E	150. Geburtstag
109	Wagner, R.	DR	Essay		50. Todestag (Annahme)
110	Gounod, Ch.	Frk	614	Em	50. Todestag
111	Offenbach, J.	Frk	2247	E	100. Todestag
112	Erkel, F.	Ung	1921	E	70. Todestag
113	Verdi, G.	Rum	2169	S	Berühmte Männer
114	Verdi, G.	RaK	280	Su	Komponisten-Gemälde
115	Smetana, F.	BM	139	Sm	60. Todestag
116	Bruckner, A.	Öst	1443	E	Brucknerhaus
117	Foster, S. C.	US	475	S	Berühmte Amerikaner
118	Brahms, J.	RaK	590	Su	Gemälde
119	Brahms, J.	BRD	1177	E	150. Geburtstag
120	Brahms, J.	DDR	69	B	150. Geburtstag
121	Saint-Saëns, C.	Mon	1027	E	50. Todestag
122	Bizet, G.	Ads	428	Su	Berühmte Komponisten
123	Rheinberger, J.	Lie	172	E	100. Geburtstag
124	Tschaikowsky, P. I.	SU	4237	E	Tschaikowsky-Wettbewerb
125	Dvořák, A.	CSR	864	S	Jahr der tschechischen Musik
126	Chabrier, E.	Frk	553	Em	Wohltätigkeit
127	Massenet, J.	Frk	555	E	100. Geburtstag
128	Boito, A.	Ita	1275	E	50. Todestag
129	Fauré, G.	Frk	1553	Em	Wohltätigkeit
130	Grieg, E.	Nor	290	E	100. Geburtstag
131	Rimski-Korssakow, N. A.	SU	2091	E	50. Todestag
132	Indy, V. d'	Frk	908	E	100. Geburtstag
133	Ševčík, O.	CSR	716	S	100. Geburtstag
134	Sousa, J. Ph.	US	476	S	Berühmte Amerikaner
135	Tarrega, F.	Spa	2287	S	Berühmte Spanier
136	Janáček, L.	CSR	865	S	Jahr der tschechischen Musik
137	Kienzl, W.	Öst	967	E	10. Todestag

Abb.	Darstellung	Land	Mi-Nr.	Art	Ausgabe-Anlaß
138	Puccini, G.	Ita	1461	E	50. Todestag
139	Wolf, H.	Öst	981	E	50. Todestag
140	Mahler, G.	Öst	1078	E	100. Geburtstag
141	Paderewski, I. J.	US	790	S	Freiheitskämpfer
142	MacDowell, E. A.	US	478	S	Berühmte Amerikaner
143	Nevin, E.	US	479	S	Berühmte Amerikaner
144	Charpentier, G.	Frk	1402	Sm	Wohltätigkeit
145	Debussy, C. A.	Frk	451	Sm	Wohltätigkeit
146	Dukas, P.	Frk	1501	Em	Wohltätigkeit
147	Giordano, U.	Ita	1241	E	100. Geburtstag
148	Strauss, R.	RaK	278	Su	Gemälde
149	Mascagni, P.	Ita	1156	E	100. Geburtstag
150	Sibelius, J.	Rum	2399	S	Kulturserie
151	Cilea, F.	Ita	1511	S	Freim. Künstler
152	Busoni, F.	Ita	1510	S	Freim. Künstler
153	Joplin, S.	US	1522	E	Black Heritage
154	Skrjabin, A. N.	SU	3973	E	100. Geburtstag
155	Perosi, L.	Vat	614	S	100. Geburtstag
156	Falla, M. de	Spa	2273	S	Berühmte Musiker
157	Reger, M.	DDR	1817	S	Bedeutende Persönlichkeiten
158	Hauer, J. M.	Öst	1733	E	100. Geburtstag
159	Schönberg, A.	Öst	1463	E	100. Geburtstag
160	Schmidt, F.	Öst	1473	E	100. Geburtstag
161	Ravel, M.	Mon	1183	E	100. Geburtstag
162	Bartók, B.	Ung	148	B	100. Geburtstag
163	Enescu, G.	Rum	2327	S	Musikwettbewerb
164	Kodály, Z.	Ung	2396	E	1. Todestag
165	Strawinsky, I.	US	1612	E	Amerikanische Persönlichkeiten
166	Prokofjew, S. S.	SU	5062	E	90. Geburtstag
167	Villa-Lobos, H.	Bra	1588	S	Brasilianische Komponisten
168	Honegger, A.	Swz	983	S	Portraitmarken
169	Gershwin, G.	US	1093	S	Berühmte Amerikaner
170	Poulenc, F.	Frk	1882	Em	75. Geburtstag
171	Eisler, H.	DDR	1388	S	Berühmte Persönlichkeiten
172	Schostakowitsch, D. D.	SU	4526	E	70. Geburtstag
173	Lanner, J.	Öst	964	E	150. Geburtstag

Abb.	Darstellung	Land	Mi-Nr.	Art	Ausgabe-Anlaß
174	Strauß, J. Vater	Öst	942	E	100. Todestag
175	Strauß, J. Sohn	Mon	1187	E	150. Geburtstag
176	Millöcker, K.	Öst	947	E	50. Todestag
177	Ziehrer, C.M.	Öst	855	E	25. Todestag
178	Schrammel, J.	Öst	970	E	100. Todestag
179	Lehár, F.	Öst	1578	E	Lehár-Kongreß
180	Fall, L.	Öst	1492	E	50. Todestag
181	Kálmán, E.	Öst	1722	E	100. Geburtstag
182	Stolz, R.	Öst	1652	E	100. Geburtstag
183	Lincke, P.	Bln	156	E	10. Todestag
184	Kollo, W.	Bln	561	E	100. Geburtstag
185	Lavallée etc.	Cnd	769	Z	100 Jahre inoffizielle National-Hymne
186	Mantzanaros, N. und Salomos, D.	Gri	651	S	100. Todestag von Salomos
187	Figueredo, P.	Cb	1616	E	100. Todestag
188	Braga, A.F.	Bra	1195	E	100. Geburtstag
189	Carnicer, R.	Chi	357	E	100 Jahre National-Hymne
190	Bihari, J.	Ung	1341	S	Berühmte Komponisten
191	Skroup, F.	CSR	1322	S	Kulturelle Persönlichkeiten
192	Pacius, F.	Fld	350	Sm	Wohltätigkeit
193	Degeyter, P.	DDR	967	Su	75 Jahre Lied Die Internationale
194	Weber, C.M. v.	BRD	894	E	150. Todestag
195	Strauss, R.	Bln	124	E	5. Todestag
196	Furtwängler, W.	Bln	128	E	1. Todestag
197	Stolz, R.	Bln	627	E	1. Todestag
198	Toscanini, A.	Ita	1223	E	100. Geburtstag
199	Vaughan-Williams, R.	GB	596	S	100. Geburtstag
200	Beecham, Th.	GB	847	S	Berühmte Dirigenten
201	Abendroth, H.	DDR	605	S	1. Todestag
202	Ramin, G.	DDR	604	Su	1. Todestag
203	Deutsche Oper Berlin	Bln	255	S	Das neue Berlin
204	Neue Philharmonie	Bln	256	S	Das neue Berlin
205	Deutsche Staatsoper, Berlin	DDR	1435	S	Bedeutende Bauten
206	Leipziger Gewandhaus	DDR	676	S	150. Geburtstag von Mendelssohn

Abb.	Darstellung	Land	Mi-Nr.	Art	Ausgabe-Anlaß
207	Violine, Orgel, Lorbeer	Öst	1236	E	125 Jahre Wiener Philharmonie
208	Musiker und Gambe	Öst	1496	E	75 Jahre Wiener Symphoniker
209	Royal Operahouse	GB	838	S	Londoner Ansichten
210	Monte Carlo-Oper	Mon	834	S	100 Jahre Monte Carlo
211	Mailänder Scala	Ita	1599	S	200 Jahre Mailänder Scala
212	Tyl-Theater in Prag mit Noten	BM	80	Z	150. Todestag von Mozart
213	Wiener Staatsoper	Öst	1021	S	Wiedereröffnung
214	Paganini, N.	Ita	1788	E	200. Geburtstag
215	Rubinstein, A.	SU	1747	E	125. Todestag
216	Wieniawski, H.	Pol	786	S	Internationaler Geigen-Wettbewerb
217	Slavik, J.	CSR	812	S	Musikfesttage
218	Joachim, J.	Bln	347	E	100 Jahre Hochschule für Musik
219	Vieuxtemps, H.	Blg	1762	S	Kulturserie
220	Sarasate, P.	Spa	2286	S	Berühmte Spanier
221	Elisabeth von Belgien	Blg	1856	Em	Musikwettbewerb
222	Casals, P.	Spa	2272	S	Berühmte Musiker
223	Schweitzer, A.	DDR	1086	Su	90. Geburtstag
224	Caruso, E.	Ita	1433	E	100. Geburtstag
225	Opernsänger-Block	Nic	83 A	B	Berühmte Opernsänger
	Callas, M. – Tosca	Nic	1834	C	Berühmte Opernsänger
	Schaljapin, F. – Boris Gudonow	Nic	1835	C	Berühmte Opernsänger
	Caruso, E. – Die Jüdin	Nic	1836	C	Berühmte Opernsänger
226	Lehmann, L. – Rosenkavalier	Nic	1824	S	Berühmte Opernsänger
227	Melba, N. – La Traviata	Nic	1826	S	Berühmte Opernsänger
228	Lind, J.	Swd	893	S	Jahr der Frau
229	Sutherland, J. – Regimentstochter	Nic	1831	S	Berühmte Opernsänger
230	Melchior, L. – Parsifal	Nic	1825	S	Berühmte Opernsänger
231	Flagstad, K. – Tristan und Isolde	Nic	1833	S	Berühmte Opernsänger
232	Lucca, G. de – Rigoletto	Nic	1830	S	Berühmte Opernsänger
233	Gobbi, T. – S. Boccanegra	Nic	1823	S	Berühmte Opernsänger
234	Schaljapin, F.	SU	4097	E	100. Geburtstag
235	Nestroy, J.N.	Öst	1109	E	100. Todestag
236	Slezak, L.	Öst	1419	E	100. Geburtstag

Abb.	Darstellung	Land	Mi-Nr.	Art	Ausgabe-Anlaß
	Szenen aus				
237	Don Giovanni	Öst	1294	Z	100 Jahre Wiener Staatsoper
238	Die Zauberflöte	Öst	1295	Z	100 Jahre Wiener Staatsoper
239	Fidelio	Öst	1296	Z	100 Jahre Wiener Staatsoper
240	Lohengrin	Öst	1297	Z	100 Jahre Wiener Staatsoper
241	Don Carlos	Öst	1298	Z	100 Jahre Wiener Staatsoper
242	Carmen	Öst	1299	Z	100 Jahre Wiener Staatsoper
243	Der Rosenkavalier	Öst	1300	Z	100 Jahre Wiener Staatsoper
244	Schwanensee	Öst	1301	Z	100 Jahre Wiener Staatsoper
245	Tannhäuser	DR	499	Sm	Wohltätigkeit
246	Fliegender Holländer	DR	500	Sm	Wohltätigkeit
247	Rheingold	DR	501	Sm	Wohltätigkeit
248	Meistersinger von Nürnberg	DR	502	Sm	Wohltätigkeit
249	Walküre	DR	503	Sm	Wohltätigkeit
250	Siegfried	DR	504	Sm	Wohltätigkeit
251	Tristan und Isolde	DR	505	Sm	Wohltätigkeit
252	Lohengrin	DR	506	Sm	Wohltätigkeit
253	Parsifal	DR	507	Sm	Wohltätigkeit
254	Carmen, Schmugglerszene	Mon	1172	S	100 Jahre Carmen
255	Carmen, Taverne	Mon	1171	S	100 Jahre Carmen
256	Carmen, Soldaten	Mon	1170	S	100 Jahre Carmen
257	L'Aiglon	Mon	1367	S	100 Jahre Monte Carlo Oper
258	Carmen, Arena	Mon	1173	S	100 Jahre Carmen
259	L'Enfant et les Sortilèges	Mon	1368	S	100 Jahre Monte Carlo Oper
260	Don Quichote	Mon	1366	S	100 Jahre Monte Carlo Oper
261	Fausts Verdammnis	Mon	924	S	100. Todestag Berlioz
262	Fausts Verdammnis	Mon	918	S	100. Todestag Berlioz
–	Operndarstellerinnen	VCh	1884/91	S	Kunst der Peking-Oper
263	Bettelstudent	Öst	1331	S	Berühmte Operetten
264	2 Herzen im $^{3}/_{4}$-Takt	Öst	1340	S	Berühmte Operetten
265	Walzertraum	Öst	1332	S	Berühmte Operetten

Abb.	Darstellung	Land	Mi-Nr.	Art	Ausgabe-Anlaß
266	Fledermaus	Öst	1338	S	Berühmte Operetten
267	Lustige Witwe	Öst	1333	S	Berühmte Operetten
268	Vogelhändler	Öst	1339	S	Berühmte Operetten
269	Tanz-Viererblock	US			Kultureller Wert des Tanzes
	Steptanz	US	1335	S	Kultureller Wert des Tanzes
	Klassisches Ballett	US	1336	S	Kultureller Wert des Tanzes
	Modernes Ballett	US	1337	S	Kultureller Wert des Tanzes
	Square Dance	US	1338	S	Kultureller Wert des Tanzes
270	Walzertänzerin	Öst	1233	E	100 Jahre an der schönen blauen Donau
271	Degas: Tanzklasse	Mon	1125	S	100 Jahre Impressio-nismus
272	Degas: Tänzerin mit Strauß	Frk	1732	S	Kunst
273	Degas: Tänzerin auf der Bühne	KaS	109	S	Gemälde
274	Degas: Ballettschule	AuY	56	Su	Degas-Gemälde
275	Degas: Ballettschule	AuY	60	Su	Degas-Gemälde
	Szenen aus				
276	Giselle	Cb	2170	S	Internationales Ballett-Festival
277	Apollo	Cb	2168	S	Internationales Ballett-Festival
278	Ödipus Rex	Cb	2171	S	Internationales Ballett-Festival
279	Fluß und Wald	Cb	2169	S	Internationales Ballett-Festival
280	Giselle	Cb	2354	S	30 Jahre National-Ballett
281	Genesis	Cb	2355	S	30 Jahre National-ballett
282	Grand Pas de Quatre	Cb	2353	S	30 Jahre National-ballett
283	Barberina	Bln	700	E	300. Geburtstag von A. Pesne
284	Clara und die Schneeflocken	Nic	1999	S	Nußknacker-Ballett
285	Schneeflocken-Feen	Nic	2000	S	Nußknacker-Ballett
286	Blumenwalzer	Nic	2003	S	Nußknacker-Ballett

Abb.	Darstellung	Land	Mi-Nr.	Art	Ausgabe-Anlaß
287	Sylfiden	Dmk	403	S	Ballett- u. Musikfestspiele
288	Schwanensee	SU	2558	S	Sowjetisches Ballett
289	Roter Mohn	SU	2578	S	Sowjetisches Ballett
290	Romeo und Julia	SU	2557	S	Sowjetisches Ballett
291	Nijinsky, W.F.	Bln	655	S	Skulpturen des 20. Jh.s
292	Diaghilew, S. und Blum, R.	Mon	831	S	100 Jahre Monaco
293	Eiskunstläuferin	Rum	2620	S	Olympiade 1968
294	Eiskunstlaufpaar	Ung	2380	S	Olympiade 1968
295	Eiskunstläuferin	Ung	2383	S	Olympiade 1968
296	Eiskunstläuferin	Rum	3666	S	Olympiade 1980
297	Eiskunstläuferin	Öst	1139	S	Olympiade 1963
298	Eiskunstlaufpaar	Ung	1416	S	Europameisterschaft 1955
299	Eiskunstläuferin	CSR	1247	S	Sonderausgabe – Sport
300	Eiskunstläuferin	Jap	1311	S	Meisterschaft 1977 Tokio
301	Eiskunstlaufpaar	Fld	802	E	Europameistersch. 1977
302	Eiskunstläuferin	Frp	152	S	Olympiade 1972
303	Schwarzwälder Tanz	BRD	1096	S	Europäische Folklore-Ausgabe
304	Friesländischer Tanz	BRD	1097	S	Europäische Folklore-Ausgabe
305	Tanzende Bauern	DDR	792	Su	400 Jahre Dresdner Kunstsammlungen
306	Morristanz	GB	716	S	Britische Kultur
307	Halling	Nor	719	S	Volkstanz
308	Springer	Nor	720	S	Volkstanz
309	Gangar	Nor	721	S	Volkstanz
310	Cha-Cha-Cha	Bln	689	Sm	Für den Sport
311	Auf der Eisbahn	SU	3854	S	Staatliches Volkstanzensemble
312	Zigeunertanz	SU	3853	S	Staatliches Volkstanzensemble
313	Hopak	SU	3851	S	Staatliches Volkstanzensemble
314	Lódz, Trachtentanz	Pol	1952	S	Volkstrachten
315	Kattowitz, Trachtentanz	Pol	1953	S	Volkstrachten
316	Rumänischer Volkstanz	Rum	2490	S	Volkstänze
317	Kafkas	Tür	2365	S	Volkstänze
318	Paartanz	Ung	3205	E	25 Jahre Volksensemble
319	Trachtentanz	Alb	1996	S	Trachten u. Volkstänze

Abb.	Darstellung	Land	Mi-Nr.	Art	Ausgabe-Anlaß
320	Frevo Pernambuco	Bra	1500	S	Volkstänze
321	Currulao	Kol	—	S	Volkstänze
322	Bambuco	Kol	—	S	Volkstänze
323	Koo-Koo	Jam	402	S	Volkstänze
324	Rote Tänzerinnen	Jam	403	S	Volkstänze
325	Französische Tänzerinnen	Jam	404	S	Volkstänze
326	Schauspiel	Jam	405	S	Volkstänze
327	Waca Thokori	Bol	830	S	Volkstänze
328	Kusillo	Bol	831	S	Volkstänze
329	Bambustanz	NV	202	S	Volkstänze
330	Huttanz	NV	203	S	Volkstänze
331	Schirmtanz	NV	204	S	Volkstänze
332	Kazakhs	VCh	715	S	Volkstanz
333	Olunchuns	VCh	716	S	Volkstanz
334	Fächertanz	VCh	719	S	Volkstanz
335	Tanzende Mädchen	Jap	767	S	Woche der Philatelie
336	Polynesische Tänzerin	FrP	35	S	Volkstrachten
337	Mädchen aus Tahiti	FrP	162	S	Gemälde
338 bis	Stammestänze	Bur	109 bis	S	Weltausstellung 1964, New York
344	Stammestänze	Bur	115	S	Weltausstellung 1964, New York
345	Kithara	Gri	1221	S	Volksmusik-Instrumente
346	Harfenspieler von Keros	Gri	1166	S	Europa 1974
347	Harfenspieler aus der Antike	Isr	117	S	Neujahrsfest
348	Harfenspielerin	GB	718	S	Kulturtradition
349	Mandolone	DDR	1711	S	Musik-Instrumente der Völker
350	Morin Chuur	DDR	1709	S	Musikinstrumente der Völker
351	Konzertzither	DDR	2227	S	Alte Musikinstrumente
352	Zither	Nor	785	S	Musikinstrumente
353	Mundharfe	Nor	864	E	Musikinstrumente
354	Geige, Stradivari, A.	Ita	592	S	Große Künstler
355	Geige	CSR	2205	S	Internationale Musik-Festspiele
356	Tenorquinton	CSR	2207	S	Internationale Musik-Festspiele
357	Geige	Nor	784	S	Musikinstrumente
358	Drehleier	DDR	2447	S	50 Jahre Instrumenten-Museum

Abb.	Darstellung	Land	Mi-Nr.	Art	Ausgabe-Anlaß
359	Gamba, Lira da	DDR	2445	S	50 Jahre Instrumenten-Museum
360	Mozartflügel	BM	82	Zm	150. Todestag Mozarts
361	Klavichord	BRD	228	E	200.Geburtstag Mozarts
362	Pedalflügel	BRD	783	Sm	Wohltätigkeitsausgabe
363	Pyramidenflügel	CSR	2205	S	Internationale Musik-Festspiele
364	Hornbläser, Antike	Isr	115	S	Neujahrsfest
365	Bockshorn	Nor	786	S	Musikinstrumente
366	Weidenflöte	Nor	783	S	Musikinstrumente
367	Panflötenspieler	Rum	1997	S	Musikinstrumente
368	Holzblasinstrument	Grie	1225	S	Volksmusikinstrumente
369	Holzblasinstrument	DDR	2226	S	Alte Musikinstrumente
370	Dudelsack	CSR	2204	S	Internationale Musik-Festspiele
371	Schottischer Dudelsackspieler	GB	717	S	Kultur-Tradition
372	Tubabläser	Isr	116	S	Neujahrsfest
373	Trompete aus der Antike	Isr	701	S	Antike Musikinstrumente
374	Trompete, 19. Jh.	DDR	2228	Su	Alte Musikinstrumente
375	Jazztrompete	US	982	E	W. C. Handy
376	Sousaphon	CSR	2203	S	Internationale Musik-Festspiele
377	Saxophon	Blg	1735	E	Musikinstrumente
378	Waldhorn	BRD	782	Sm	Wohltätigkeitsausgabe
379	Serpent	DDR	2446	S	50 Jahre Instrumenten-Museum
380	Tenorflügelhorn	DDR	2448	S	50 Jahre Instrumenten-Museum
381	Blaskapelle	Lie	756	S	Trachten
382	Orgel, 16. Jh.	Bln	462	Sm	Wohltätigkeitsausgabe
383	Orgel, Rötha	DDR	2111	S	Silbermann-Orgel
384	Orgel, Freiberg	DDR	2112	S	Silbermann-Orgel
385	Orgel, Frauenreuth	DDR	2113	S	Silbermann-Orgel
386	Orgel, Dresden	DDR	2114	S	Silbermann-Orgel
387	Orgel, Wien	Öst	1327	E	150 Jahre Musik-Verein
388	Orgel, Bruckner-	Öst	1008	E	Kongreß für Kirchen-musik
389	Orgel, Barock	Öst	797	Sm	Wiederaufbau
390	Leierkasten	Gri	1224	S	Volksmusikinstrumente
391	Akkordeon	DDR	2224	S	Alte Musikinstrumente

Abb.	Darstellung	Land	Mi-Nr.	Art	Ausgabe-Anlaß
392	Antike Cymbalspieler	Isr	114	S	Antike Musikinstrumente
393	Antike Schelle	Isr	703	S	Antike Musikinstrumente
394	Defi (Tambourin)	Gri	1220	S	Volksmusikinstrumente
395	Trommel, 16. Jh.	Bln	460	Sm	Wohltätigkeitsausgabe
396	Trommeln	Gri	1227	S	Volksmusikinstrumente
397	Hackbrettspieler	Rum	2002	S	Musikinstrumente
398	Trommel, mit Hocker	Tsh	141	S	Musikinstrumente
399	Trommel, mit Tragband	Tsh	143	S	Musikinstrumente
400	Xylophon	Tsh	145	S	Musikinstrumente
401	Klingstein (1400 v. Chr.)	VCh	250	S	Alte Kunstschätze

Namensverzeichnis

Sachverzeichnis